이시형 박사가 추천하는

면역증진
다이어트
키친

이시형 / 강성미 저

이시형 박사가 추천하는 면역증진 다이어트 키친

초판 발행일 : 2022년 6월 15일

지은이: 이시형 / 강성미
출판사: 주식회사 마음생각연구소
출판등록: 제2022-000156호
주소: 서울특별시 강남구 역삼로 165 해성빌딩 6층 613호
전자우편: artfutura@naver.com
홈페이지: www.mindthink.co.kr

잘못 인쇄된 책은 서점에서 바꾸어 드립니다.

이시형 박사가 추천하는

면역증진
다이어트
키친

이시형 / 강성미 저

들어가기

코로나 사태로 많은 행사가 연기되어 어려움을 겪었지만, 올해 2022 괴산세계유기농엑스포가 드디어 열리게 되었다. 영광스럽게도 내가 이번 행사에서 공동 조직위원장이라는 큰 역을 맡게 되었다.

우리가 왜 이런 엑스포를 열지 않으면 안 되는 소이를 밝히는 것이 내가 할 수 있는 첫 번째 일이라 생각했다. 공교롭게도 엑스포와 관계없이 그간 나는 면역에 대한 여러 권의 책을 수첩 형식의 소책자로 집필해 많은 사람에게 배포했다.

이번 행사에 도움이 될 것으로 믿고 행사에 맞게 보충하여 정식으로 책을 내놓기로 했다. 강성미 원장과 탄소배출을 최소화하는 한국 전통식 유기농 밥상 준비를 함께 작업했다. 이 책이 이번 행사에 큰 도움이 되었으면 그 이상의 바람이 없겠다.

이 시 형 박사

" 한국전통식 유기농 비건식단을 통해 치매가 천천히 진행되는 어머니를 모시고 있습니다. 어머니가 자식을 오래도록 알아 보기를 바라는 마음으로 한국전통식 반찬과 현미밥을 짓습니다. 모든 치매가족을 응원합니다."

들어가기

오랫동안 유기농 비건 라이프를 교육해 오면서 특히 한국전통식 비건 쿠킹클래스는 제철 농산물을 활용해 지역의 경제를 살리고 우리의 발효음식문화를 계승하며 탄소배출을 최소화하는 밥상을 알리고 있습니다. 교육센터를 운영하며 한국 유기농 농산물로 요리한 채식이 건강에 좋은 영향을 끼친다는 것을 확인하였습니다. 「요리가 과학이고 요리가 의학이다」라는 것이 이시형 박사님과 함께하며 면역증진에 큰 역할을 한다고 확신합니다.

이시형 박사님의 「면역혁명」 책이 많은 사람에게 무척 유익하였고, 면역증진을 위한 먹을거리에 관심이 높아졌습니다. 구체적으로 집에서 어떻게 요리하면 좋을지 자세한 매뉴얼이 있으면 좋겠다는 의견을 많이 받았다고 합니다. 그래서 이시형 박사님과 함께 면역증진을 실생활에서 실천할 수 있는 면역증진 레시피 매뉴얼을 개발하게 되었습니다. 면역증진 프로그램을 혼자서도 할 수 있도록 이론을 공부하고 요리도 할 수 있는 면역증진 다이어트키친 프로그램 책을 출간하게 되었습니다.

박사님께서 말씀하시듯이 먹거리가 중요하긴하나 면역의 전부는 아닙니다. 생활 전반이 면역적이어야 한다는 사실을 잊지 말아야 합니다. 그래서 이시형 박사님과 함께 개발하고 진행하는 면역증진 다이어트 프로그램에 참여하면서 면역증진을 위한 실질적인 생활 습관과 식단을 배우고 실천하시면 좋겠습니다.

이 책이 면역증진 활동을 생활에서 실천하는 좋은 안내서가 되길 기대합니다.

유기농문화센터 원장 강성미

INDEX

 ## PART I 면역증진이 필요한 현대인

 ## PART II 면역증진이 다이어트 키친 레시피

2.1 사계절 내내 필요한 음식

PART I
면역증진이 필요한 현대인

비행기 추락사고로 많은 사망자가 염라대왕 앞에 섰다.

염라대왕은 그날 기분이 좋았는지

"당신네가 20달러만 내면 다시 살려 보내주겠다"라고 했다.

미국 사람은 얼른 돈을 내고 살아 돌아갔다.

응급실 가족들이 환성을 질렀다.

"그런데 옆자리 뚱보는 어떻게 됐지요?"

"글쎄요, 15달러까지 흥정하는 걸 봤는데 그 후로는 모르겠어."

1.1
면역증진 다이어트 프로그램(FMD)

식탁에 둘러앉았을 때 이런 유머 한 마디가 나오면 즐거운 분위기가 될 것이다. 지중해 식단은 바닷가니까 수산물을 많이 먹는다. 거기다 올리브 산지라서 올리브도 많이 섭취한다. 연안 사람들이 낙천적이기 때문에 식탁에 웃음이 그치지 않는다. 식사 후 함께 20분간 산책을 한다. 이를 '파세지아타'라고 한다. 먹는 것뿐 아니라 분위기가 즐거워야 한다.

[이시형 박사의 면역증진 다이어트 프로그램]

이 프로그램은 한국자연의학연구원에서 출발한 동서양 의학의 통합 의료 프로그램이다. 면역은 생활 전반에 걸친 문제이며 다이어트는 자연적으로 따라오는 문제로서 총체적이고 종합적 프로그램이다.

면역증진 다이어트 프로그램은 2박 3일 동안 진행된다. 불가피한 경우 하루 동안 진행되는 프로그램에 참여할 수도 있다. 입문코스 외에도, 3개월(뇌건강, 치매예방) 프로그램에 참여할 수 있다. 면역증진을 위한 프로그램이여서 먹거리에 대한 혁명적 과제를 준다. 이러한 과제를 처음 경험하면 생소하게 느낄수도 있지만 힘든 과정은 전혀 아니다. 그리고 생활 전반에 걸쳐 보조 요법을 함께 한다.

본 과정은 기본(1일 체험)과정과 입문과정은 2박 3일 동안 진행되며 숙박, 특별식, 면역강의, 자연명상, 와식명상, 운동처방, 교재, 실습, 보조치료 프로그램(1개월 후 몸 체크)이 제공된다.

〈다이어트 프로그램 2박 3일〉

	1일차	2일차	3일차
조식		면역주스(당근120, 수박120+밀싹50), 히포그라테스 스프, 현미브레드, 통곡물 채소 샐러드(들깨흑임자 드레싱), 숭늉	면역주스(당근120, 수박120+밀싹50), 오트밀 미숫가루, 주먹밥, 저염백김치, 통곡물 채소 샐러드(고추간장 드레싱) 숭늉
중식	입소	면역주스(당근120, 비트120+밀싹50+검은깨), 현미잡곡밥, 제철저염김치, 디톡스탕, 나물잡채, 뿌리채소구이(No 기름), 제철채소 샐러드(고추장 드레싱), 통곡물 요거트, 디카페인 커피, 식혜	면역주스(당근120, 비트+밀싹170), 오방색 비빔밥(청적황백흑색 채소,곡물구성), 제철 저염김치, 디톡스탕, 양배추 아삭이고추절임, 디카페인 커피, 식혜, 통곡물 요거트
석식	면역주스(당근 120, 수박120, 밀싹50), 현미밥, 제철김치, 통곡물 채소 샐러드(간장드레싱), 제철나물된장 무침, 저염대파버섯장아찌, 식혜	면역주스(당근120, 수박120), 오트밀 단호박 스프, 견과류(호두, 잣, 호박씨)	퇴소

[면역증강을 위한 식이법]

잘 알려진 것처럼 면역은 장에서 70%, 뇌에서 30% 만들어진다. 따라서 먹거리가 가장 중요한 역할을 하기에 때문에 요리 전문가와 함께 레시피를 만들었다.

'언제 먹을 것인가?'

면역증강을 위한 식이법에서는 가급적 공복시간을 길게 하는 것이 중요하며 간헐적 단식을 주제로 한다. 공복시간의 중요함은 2016년 노벨 생리의학상 주제인 '자가 포식Autophagy)'이론이 과학적으로 증명하고 있다.

자가 포식(autophagy)은 스스로(auto) 먹는다(phagy)는 뜻을 가지고 있다. 세포질의 노폐물, 퇴행성 단백질이나 수명이 다하거나 변성되어 기능이 저하된 세포소기관 (organelle)들이 세포 안에서 이중막으로 된 자가포식체 (autophagosome)라고 불리는 소포 (vesicle) 내에 격리되고, 이 소포는 다시 리소좀(lysosome)과 결합하여 리소좀 안에 있는 소화 효소에 의하여 분해된다. 이렇게 분해된 물질은 세포의 생존에 필요한 에너지를 만들거나 새로운 세포소기관을 생성하는 데에 이용된다. 자가 포식 작용을 이용한 방법이 간헐적 단식이다.

하루 24시간을 기준으로 12시간을 비우는 것이 기본이다. 저녁을 오후 7시에 먹었다면 이튿날 아침은 오전 7시경에 마쳐야 한다. 12시간 동안 공복을 유지하는 방법부터 13시간, 14시간, 15시간, 16시간으로 늘려나간다. 16시간 공복을 유지하는 방법이 16:8 간헐적 단식이다. 공복시간에는 물 이외는 안먹어야 한다. 과일, 음료수도 허용이 안된다. 특히 당질이 조금이라도 포함된 것은 안된다.

'무엇을 먹을 것인가?'

만성염증을 유발하고 면역을 약화시키는 음식을 제외시켜야 된다.

1) 단백질
단백질은 전체 칼로리의 5~10%를 차지하도록 한다. 단백질은 식물성 단백질, 해산물, 가금류, 붉은 고기 등 총 4가지 종류로 분류된다. 이 중에서 식물성 단백질을 추천한다.

2) 탄수화물
탄수화물은 현미와 같은 통곡식을 원칙으로 한다. 식단에서 탄수화물 비중을 높이지는 않는다. 현미밥을 기준으로 하루에 1공기를 넘지 않는다. 그리고 가능하다면 면종류, 빵 등 밀가루 음식은 제외시킨다.

3) 지방
염증을 일으키는 지방은 먹지말고 염증을 가라앉히는 좋은 지방을 선택한다. 염증을 일으키는 지방은 마가린, 쇼트닝, 가공기름, 마요네즈, 조리용 경화유 등이다. 염증을 가라앉히는 좋은 지방은 주로 오메가3가 풍부한 들기름, 참기름, 올리브유, 견과류 등이다.

4) 채소
가능한 제철에 나는 유기농 채소를 다양하게 많이 섭취한다. 흔히 무지개 색깔로 먹으라고 권한다. 색깔에 따라 식물 성분이 다르기 때문이다.

5) 과일
과당 때문에 적당량 섭취한다.

이외에도 미량이지만 비타민, 미네랄 보충 식품은 먹는게 좋다.

'어떤 순서로 먹을 것인가?'

채소, 단백질, 밥, 고구마, 탄수화물 순으로 먹는다. 혈당치가 급격히 상승하는 것을 방지하기 위해 GI 낮은 것부터 잘 씹어 먹는다.

혈당지수(GI)란 음식을 섭취한 뒤 혈당이 상승하는 속도를 0에서 100으로 나타낸 수치이다. 혈당지수가 높은 음식은 혈당을 빠르게 상승시켜 인슐린을 과잉 분비하게 하고, 인슐린이 과잉 분비되면 체지방 축적이 일어나 비만이 촉진될 수 있다.

오전은 먹는 시간이 아니라 배설의 시간이다. 오전 4시에서 정오까지는 배설의 시간이고, 정오에서 오후 8시는 소화의 시간이다. 그리고 오후 8시에서 오전 4시까지 흡수의 시간으로 순환한다. 따라서 아침은 가볍게 먹고, 점심은 든든하게 그리고 저녁은 가볍게 먹는다.

[면역증진을 위한 건강식단]

면역증진을 위한 건강식단에는 면역을 강화하는 물질들이 매끼마다 포함되어야 한다.

당근쥬스
토양에 함유된 유익한 영양소를 골고루 갖추고 있는 것으로 평가받고 있다. 당근 2 개와 사과 1~2 개를 믹서기로 갈아 매끼마다 한 잔씩 제공한다. 3중발효된 식음료도 나와 있다. 흡수력이 빠르고 맛이 좋으며 유해 물질이 다 소거되는 것으로 알려져 있다. 스위스 밴나 병원에서 많이 사용하는 메뉴다.

뮤슬리
신경과 의사가 뇌 손상 환자를 위한 식사로 제공한 것에서 시작하여, 그 후에 일반인에게도 인기가 있다. 두유, 배, 과일 등을 섞은 쥬스에 여러 가지 견과류를 함께 먹는다.

베타 글루칸
베타 글루칸이 체내 면역 시스템을 활성화시키고, 항암 작용, 항염증 작용이 우수하며, 비염, 아토피, 천식, 대상포진, 제1당뇨병 등 면역질환의 개선 및 예방효과가 크다는 것이 세계적인 학술지에서 공인하고 있다.

국내에서도 5종의 복합균 사체는 여러 균사체를 동시에 복합 배양하면 이들간 융합의 극대화로 성질이 다른 균사체들이 서로 간섭을 주고 받으면서 증식 과정에서 기존 활성 물질이 더 활성화되고 버섯에 없는 새로운 물질(아세틸화된 알파 글루칸)이 생긴다. 5종 버섯을 동시에 복합 배양함으로서 고농도(51% 함유)의 베타 글루칸을 얻을 수 있다.

콜레스테롤

식재료로 먹는 콜레스테롤이 그대로 혈중 콜레스테롤이 되지 않는다. 혈중 콜레스테롤은 대부분 간에서 만들어진다. 식물성 기름 등이 몸에 좋다. 지중해 식단이 유명한 이유가 여기 있다. 백미, 식빵, 백설탕은 비만의 원흉이다.

오메가3, 6

중요한 지방산이지만 오메가3과 6의 비율이 중요하다. 현재 미국에도 오메가6의 비율이 오메가3보다 무려 10~20배 많으며 우리나라도 다르지 않을 것이다. 전문가들은 그 비율이 오메가 3:6=1:4가 이상적이라고 한다.

식물성 오메가3가 많이 함유된 것은 들깨와 기름, 아마와 아마씨, 치아 씨앗, 호두(비율이 1:4이며 완벽한 음식), 늙은 호박, 잎이 많은 채소류이다.

산삼(산양삼)

옛날부터 삼이 건강에 좋다는 것은 잘 알려진 사실이다. 최근엔 외국에서도 고려인삼의 효능을 높이 평가하고 있다. 국내에서도 여러 가지 제재가 소개되고 있는데, 최근 한국산삼공사에서 획기적 제품이 출시되고 있다. 무공해 흑산삼을 구증구포, 아홉번 찌고 아홉번 말리는 과정에서 특히 면역세포의 증식, NK세포의 활성도가 건산삼 대비 무려 896배 된다는 임상 보고가 나와있다.

[이시형 박사가 권하는 평소 건강한 식단]

면역력을 높이고 다이어트를 위해 이시형 박사가 권하는 평소 건강한 식단에서는 면역주스는 당근 2 개와 사과 1~2 개를 통째로 썰어서 믹서기로 착즙하여 만들어 매끼마다 마신다.

아침식사

아침식사를 7시 정도에 가볍게 먹는다.

① 면역주스
② 뮤즐리
③ 생채소
④ 커피

점심식사

점심식사는 푸짐하게 먹는다.

① 면역주스
② 장아찌, 나물반찬(잎, 줄기, 뿌리, 꽃, 열매 다양한 제철 채소)
③ 전곡류 밥(현미)
④ 건강 차(식혜, 수정과, 꽃차, 한방차 등)

저녁식사

저녁식사는 가볍게 먹는다.

① 면역주스
② 제철 유기농 과일

[식재료 구입 원칙]

건강한 식단을 만들기 위해 건강한 식재료를 준비하는 것도 중요하다.

① 유기농을 원칙으로 하고, 부득이한 경우 친환경 농산물 구입한다.
② 가까운 곳에서 구입하며 제철 농산품을 구입한다.
③ 흙이 묻은 야채는 토양균이 남도록 대충 씻는다.
④ 「못난이」도 구입한다. 파이토케미컬(phytochemical)이 더 많다.
⑤ 정제 가공식품을 줄인다.
⑥ 껍질째로 조리한다.
⑦ 인공화학물와 첨가제는 배제한다.

[조리시 유의 사항]

건강한 식단을 위한 음식을 조리할 때 다음 같은 사항을 주의한다.

① 파이토케미컬을 얻으려면 살짝 데치거나 발효한다. 사람의 소화액이나 씹는 것으로는 셀룰로오스로 쌓여 있는 식물의 파이토케미컬을 터트릴 수 없다. 파이토케미컬은 식물성을 의미하는 '파이토(phyto)'와 화학을 의미하는 '케미컬(chemical)'의 합성어로 건강에 도움을 주는 생리활성을 가지고 있는 식물성 화학물질을 의미한다.

② 항암식을 위해 디자이너 푸드에 등재된 것을 많이 쓰고 냄새가 강할 수 있으므로 다중발효된 것을 쓴다.

③ 요리할 때 태운 음식은 발암물질이 나온다. 가급적 찜요리가 안전하다.

④ 튀김 요리는 산화가 빠르기 때문에 즉석에서 조리하거나 될 수 있으면 요리하지 않는 것이 좋다.

⑤ 식재료 선택 시에는 면역효과와 함께 다이어트에도 좋은 것을 고른다. 식재료 선택 시에는 뿌리, 줄기, 잎, 꽃, 열매 등 다양한 채소와 과일, 곡물을 구입한다.

⑥ 가급적 한국전통식으로 요리를 한다.

⑦ 일상의 밥상에서 요리 할때 양념으로는 전통된장, 집간장, 간수를 뺀 천일염, 천연발효식초 등을 사용한다.

⑧ 설탕보다는 유기이소말토쌀 올리고당이나 초청을 활용한다.

"우리가 옛날 사람(원시인)보다 생명력이 강할까?

아니다. 우리가 장수하게 된 것은

의학의 진보와 영양 상태의 개선 덕분이다.

그러나 면역력은 오히려 떨어졌다는게 내 생각이다.

멧돼지는 모두 건강하고 평균 수명대로 산다.

우리 생활 환경을 지켜보노라면

이런 결론은 전문의가 아니라도 내릴 수 있다."

– 이시형 박사

1.2
면역은 높이고 비만은 예방하고

원시의 험악한 생존 환경에서 살아남을 수 있는 비결은 바로 면역력
이다. 현대인들은 그릇된 식생활로 면역체계를 악화하고 붕괴시키고
있다. 특히 암은 면역력이 저하됨으로써 생기는 병의 전형이다. 그래서
건강하게 장수하려면 면역은 높이고 비만을 예방해야 한다.

[비만에 어떻게 대처할 것인가]

젊은 날에는 식사를 제한하고 운동을 하면 쉽게 체중을 조절할 수 있다.
하지만 40세 이상이 되면 과식하고 운동 부족으로 노화가 일어나서
쉽게 중년 비만이 된다. 중년 비만은 습관병의 온상이다.

중년이 되면 근육이 체지방으로 되어 근육량 줄고, 기초 대사가 떨어
져서 젊은이와 같이 활동을 해도 소비 에너지가 줄어들어 중년 비만
이 된다. 다음 표에서 처럼 40대는 먹는 양을 줄여도 기초 대사량과
활동량으로 소비되는 양이 20대보다 적어서 남은 칼로리는 살찌는데
사용된다.

	식사량	소비하는 양 (기초대사량+활동량)	남은 칼로리
20대	2,200	2,200 (1,550+650)	0
40대	2,050	1,825 (1,500+325)	225

단위: 칼로리

한국 사회는 초고령화로 진입하고 있다. 사람들의 평균 수명은 길어졌지만 건강수명이 평균 수명보다 10년 짧다. 건강수명은 건강상 문제로 활동 제한을 받지 않는 상태를 말한다. 그래서 인생에서 말년 10년 동안이 가장 힘들다. 이 시기를 건강하게 잘 지내려면 40대부터 예방책을 세워야 한다.

40대의 3가지 적(敵)은 활성산소에 의한 산화, 단백질의 당화 그리고 호르몬 분비 변화(감소)이다. 이들이 생활습관병을 일으킨다. 그러나 식사, 수면, 운동, 스트레스에 대한 생활습관 개선으로 노화를 늦추고 예방할 수 있다.

활성산소를 없애는 효소는 단백질을 재료로 해서 아연, 동, 망간 등의 도움으로 만들 수 있다. 칼마셀(칼슘, 마그네슘, 셀레늄)을 권한다. 그 외에도 항활성산소는 베타 카로틴, 비타민 C, E, 폴리페놀, 플라보노이드 섭취로 줄일 수 있다.

다음 식재료를 적극 섭취한다.
① 베타 카로틴 - 당근, 호박, 시금치
② 비타민 C - 레몬, 귤, 브로콜리
③ 비타민 E - 아몬드, 시금치, 호박, 멸치
④ 폴리페놀 - 블루베리, 코코아, 녹차, 사과
⑤ 플라보노이드 - 상추, 양파, 녹차, 감귤

특히, 의식적으로 많이 섭취해야할 것이 당근이다. 영어 단어 carot(당근)은 베타 카로틴의 어원이다. 당근은 항산화 작용이 뛰어나고, 항암작용, 식물섬유, 비타민 B1이 풍부하다. 이들 모두 노화 방지 영양소이다.

당근은 생활습관병 예방에 최고이고 대지 영양소를 다 함유하고 있다. 당근은 실제로 옛날부터 피로, 거친 피부, 감기, 고혈압, 변비, 설사, 가래, 야뇨증 예방에 효과적으로 쓰였다. 당근은 연중 언제든지 살 수 있는 식재료로서 언제나 먹을수 있다. 채소 스틱으로 먹어도 좋고 끼니마다 당근 주스로 먹는다. 이때 당근을 사과와 함께 믹서로 즙을 내어 먹는 것도 좋다.

활성산소 발생 예방을 위해 담배, 과음, 격한 운동, 폭식, 스트레스를 피하는 것이 좋다. 담배는 백혈구가 유해물질을 제거하기 위해 다량의 활성산소 발생한다. 과음은 간장에서 알콜 분해되면서 활성산소가 발생한다. 격한 운동으로 에너지 대량 생산될 때 활성산소가 발생된다. 과식하면 소화 흡수에 에너지가 소요되어 활성산소가 발생한다. 스트레스는 몸의 기능을 저하시키고 활성산소를 발생시킨다.

당화(糖化)는 신체 노화를 촉진하는 주요 요인이다. 이를 억제하기 위해서는 한번에 많이 먹지 말고, 잘 씹어 먹는다. 최소 20분은 걸려 한 끼를 먹는다. 당질이 많은 식재료를 줄이고 충분한 시간 간격을 두고 먹어야 한다.

회춘 호르몬 DHEA는 건강에 좋다. 콜레스트레롤을 원료로 사용하여 부신 피질에서 만들어져 남성 호르몬과 여성 호르몬의 원료로 쓰인다. 근력, 면역력, 의욕, 행동력, 항암, 골다골증을 예방한다.

DHEA는 25세에 많이 생산하나 40세 이후 감소한다. 때문에 나이가 들어서도 젊은이처럼 활동적이면 DHEA의 혈중농도가 높다는 증거이다. 부족하다면 근육량(근력) 저하, 면역력 저하, 의욕이 저하된다. 스트레스는 DHEA 혈중농도를 떨어뜨린다. 젊고 건강하게 살고 싶다면 스트레스 관리에 신경을 써야 한다.

[12시간 공복의 의미]

혈액 속 포도당 수치가 높아지면 인슐린이 분비되어 세포가 포도당을 흡수하여 에너지로 사용하도록 돕는다. 이때 먹는 양이 증가하면 나중에 사용하기 위해 간이나 근육에 글리코겐으로 저장된다.

그래도 계속 먹게 되면 남은 포도당은 지방산으로 저장하게 되어 비만이 된다. 공복시간이 적절해야 인슐린이 균형을 이룬다. 풍요 시대에 발생한 생활습관병을 예방하고 치유하는 것이 단식의 지혜 이다.

음식이 위에 들어가고 3~5시간 후, 분해되기 쉬운 물질로 되어 소장으로 내려간다. 이때 효소가 동원되어 탄수화물은 포도당으로, 단백질은 아미노산으로, 지방은 지방산으로 분해가 된다.

식이섬유는 분해되지 못해 대장으로 간다. 대장에서 노폐물 대사가 일어난다. 배설에 관심을 둘 필요가 있다.

12시간 공복에 하루 세끼를 먹으면 탄수화물 공급이 떨어져 지방을 에너지원으로 사용하게 되는데, 이 시점을 대사전환(Metabolic Switch)이라 부른다. 주기적으로 12시간 이상 단식을 한 후 적응이 되면 차츰 16시간 그리고 24시간으로 늘인다.

지방분해를 유도하려면 간헐적 단식과 규칙적 운동이 필수이다. 쉬운 방법은 16:8 간헐적 단식이다. 16시간 공복을 유지하는 방법으로 아침이나 저녁을 건너뛰는 것이다.

[단식모방다이어트(FMD,Fasting Fasting Mimicking Diet)]

단식모방다이어드는 FMD는 단식은 아니면서 단식효과를 얻을 수 있는 식사제한법이다. 이는 발터 롱고 박사가 개발한 다이어트 방법이다.

비록 단식이 건강에 좋다는 것은 알고 있지만, 대부분의 사람들은 실천에 옮길 엄두를 못낸다. 일반적으로 단식을 하는 경우 배고픔, 면역력 저하, 추위에 잘 견디지 못하고 상처치유가 잘 되지 않는 등 부작용을 경험할 수 있다.

일반적인 단식과 다르게 FMD는 한달 중에 5일간 칼로리 제한식을 하며, 나머지 기간은 평소 식사를 그대로 한다. 그리고 짧은 기간 동안 굶지 않고도 단식의 효과를 누릴 수 있다. 단식처럼 영양결핍 상태와 스트레스가 심하지 않다.

무엇보다도 FMD는 다음과 같은 장점이 있어 도전해볼 만하다.

① 체중조절 및 면역증진에 도움을 준다.
② 혈당 수치를 낮춘다.
③ 콜래스테롤 수치를 낮춘다.
④ 높았던 혈압을 낮춘다.
⑤ 만성 염증 수치를 떨어뜨린다.
⑥ 인슐린 유사성장인자가 감소된다.

그 외 노화를 늦추고 뇌기능과 인지기능을 향상시키고, 암과 심장병, 당뇨병, 치매, 자가면역 질환의 예방 및 치료에도 도움이 된다.

[세포의 자가 포식(Autophagy)]

2016년 노벨생리의학상 수상자 오스미 요시노리는 세포의 자가 포식(Autophagy)으로 받았다. 자가 포식은 세포가 자신을 이루는 구성물을 없애거나 재활용하는 과정이다. 자가 포식은 '자신을 뜻하는 'Auto'와 '먹는다'를 의미하는 'phagein'이 합쳐져 '스스로 먹는다'는 그리스어에서 유래한다.

오스미 요시노리는 효모의 자가 포식이 어떻게 일어나는 것인지 알아냈고, 이와 유사하자만 조금 더 복잡한 일들이 인체 세포에도 일어난다는 것을 알아냈다. 이런 발견으로 세포가 스스로 갖고 있는 물질을 어떻게 재활용하는지 새로운 파라다임을 제시했다.

오스미의 발견 이후 다수의 연구자들이 생체가 기아 상태에서 어떻게 적응하는지 등과 관련된 수많은 생리학적 과정에서 자가 포식이 중대한 역할을 한다는 것을 알아냈다. 인체는 굶는 상황에서 더 건강해지려고 한다. 비우면 더 건강해진다는 것은 과학적으로 증명된 것이다.

[생체리듬 이론]

2017년 노벨생리의학상은 생체 시계의 비밀을 밝힌 제프리 홀, 마이클 로스베시, 그리고 마이클 영이 수상하였다. 이들은 생체 시계가 어떻게 작동하는 지 밝혀냈는데, 이들의 발견 덕분에 식물이나 동물, 인간 등이 어떻게 생체 리듬에 적응하는지 알아냈다.

생체리듬 이론에 따르면 바쁜 현대인은 불규칙한 생활로 인해서 생체 리듬을 교란시키고 삶의 질을 악화시켜 건강을 해친다.

이러한 두 이론이 FMD의 핵심 이론이다. 즉, 생체리듬에 따라 생활하고, 자가 포식 작용을 통해 제기능을 하지 못하는 기관과 인체 내의 노폐물을 청소하는 것이다.

[FMD 실시]

주기적으로 한 달에 한 번 꾸준히 5일간의 FMD를 실천한다. FMD 실시 기간에는 12시간 공복을 꼭 지킨다. 식사는 첫째날 1,100kcal, 둘째날부터 다섯째날까지 800kcal를 섭취한다. 평소의 반으로 섭취하면 된다. 즉 식사는 하루 두끼와 간식을 먹도록 한다.

특히, 서구식 식단에서 한국식으로 바꾼다. 한식을 건강식으로 바꾸려면 정제된 탄수화물을 줄이고, 싱겁게 먹으며, 김치는 적절히 조절하여 먹는다.

[비만을 방지하는 가벼운 운동]

비만을 방지하기 위해서는 가벼운 유산소 운동, 근육 단련, 스트레칭 활동을 하는 것이 좋다. DHEA 분비를 촉진하여 젊음을 유지시키는 회춘 운동으로 유산소 운동과 무산소 운동이 있다.

유산소 운동은 산소를 몸에 넣어 체내 당질, 지방을 에너지로 소비하는 운동이다. 전신 지구력이 향상 된다. 적은 산소로 많은 활동을 할 수 있다.

무산소 운동은 이미 몸 안에 있는 에너지(energy)를 사용하는 운동이다. 푸쉬업와 스쿼트도 10회 이상하면 무산소 운동이다.

"곤도 박사의 일본 장수마을 연구를 종합해보면,

적당히 노동을 하고, 소식하며,

채소와 해조류를 많이 먹는 것이 좋다.

음식은 맵고 짜게 먹지 말고

천천히 즐기면서 먹어야 건강하게 장수할 수 있다."

– 이시형 박사

1.3
건강하게 장수하자

9988이란 말을 들어보았을 것이다. 팔팔하게 99세까지 살고 싶다는 건강한 장수에 대한 소망이 담긴 말이다. 어떻게 하면 건강하게 장수할 수 있을까? 잘 먹고 배설을 잘 해야 한다.

[건강 장수자의 식습관]

건강하게 장수하려면 식습관 관리가 중요하다. 식사량을 30% 줄인 기아 상태에 가까울수록 장수 유전자가 활성화된다. 배가 70% 찼을 때 식사를 마쳐야 한다.

딱딱한 음식을 꼭꼭 씹어 먹어야 한다. 뮤즐리에는 견과류를 먹고, 농약을 치지 않는 잎채소를 많이 먹어야 한다. 인공 감미료를 장기 복용하면 장내 세균의 균형이 무너지고, 인슐린의 포도당 처리 능력이 떨어진다.

장 점막의 주름에 구멍이 생기는 장누수증후군을 예방해야 한다. 장내 세균이 즐겨 먹는 것은 수용성 식이섬유이다. 이것은 다시마, 미역 등의 해조류나 곤약에 많이 함유되어 있다.

감자칩은 악마의 음식이다. 먹으면 안되는 요소를 다 갖춘 음식이다. 특히, AGE 함유량이 높다. 120도 고열에서 튀긴 탄수화물(감자류, 밀가루, 쌀가루)는 AGE가 다량 함유되어 있다.

[최종당화산물(AGE)]

Advanced Glycation End-product(AGE)혈당치가 높으면 면역력이 떨어지고, 몸속에서 유해물질인 AGE를 생성하여 노화가 진행된다. 혈당치를 올리는 것은 전적으로 탄수화물이다. 건강한 사람의 혈당치는 공복시 80~90mg/dl이다. 단것을 많이 섭취하면 갑자기 혈당치가 높아져 혈당 스파이크 상태가 되어 세로토닌이 분비되고 행복감을 느끼는 지복점(Bliss point)에 도달한다. 이때 인슐린이 분비되어 혈당치가 급격히 하락하며, 불쾌한 감정을 느끼는 악순환이 반복되어 탄수화물 중독에 걸린다. 식품, 음료 업체는 탄수화물 중독을 일으키기 위해 이 사실을 숨긴다. 장사꾼 의사들도 비만은 설탕이 아니라 지방이 원인이라는 주장을 펼치며 이를 믿는 의사들이 많다.

AGE는 고온에서 조리할 경우 크게 늘어난다. 굽거나 튀기는 경우가 최악이다. 식초에 재우는 조리법은 AGE양을 반으로 줄인다.
아래 4가지 요소가 AGE를 촉진한다.

① 고혈당
② AGE 고함량 식품
③ 자외선 - 자외선을 쬘 때 기미와 주름이 생기는 것은 AGE가 높아지기 때문이다.
④ 담배

[건강수명을 늘리는 8가지 원칙]

저녁을 오후 7시에 먹고 이튿날 오전 7시에 아침을 먹으면 12시간의 공복상태를 유지한다. 공복시간의 중요함은 2016년 노벨생리의학상 주제인 자가 포식(Autophagy)이론에서 비롯된다. 굶어 당공급이 중단되면 지방으로 에너지원의 대체(Metabolic Switch)가 일어나

지방 분해로 체중 감소, 면역력 증강 등 단식의 어려움 없이도 같은 효과를 얻을 수 있다. 보통 20시간 공복 상태를 유지하면 인슐린이 저하되고 지방을 에너지원으로 사용한다. 단, 규칙적 운동이 필수다. 공복시간을 늘려갈수록 면역력이 증강하여 건강하게 장수할 수 있다.

다음 원칙을 지키자.

① 채식기반 식이요법을 하고 배설에 관심을 갖는다.
② 단백질 충분히 섭취한다.
③ 질 좋은 탄수화물과 지방을 먹는다.
④ 한국전통식 유기농 나물 음식을 먹는다.
⑤ 12시간 공복 유지 한다(저녁 7시 ~ 아침 7시).
⑥ 소식을 한다. 배가 70%만 차도록 먹는다.
⑦ FMD 실시한다. 한 달에 5일간 소식한다.
⑧ Brain Food 섭취한다. 뇌에 좋은 음식을 먹는다.

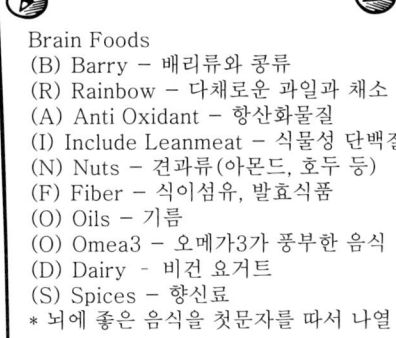

Brain Foods
(B) Barry – 배리류와 콩류
(R) Rainbow – 다채로운 과일과 채소
(A) Anti Oxidant – 항산화물질
(I) Include Leanmeat – 식물성 단백질
(N) Nuts – 견과류(아몬드, 호두 등)
(F) Fiber – 식이섬유, 발효식품
(O) Oils – 기름
(O) Omea3 – 오메가3가 풍부한 음식
(D) Dairy – 비건 요거트
(S) Spices – 향신료
* 뇌에 좋은 음식을 첫문자를 따서 나열

[건강 장수자의 생활수칙 10가지]

건강 장수자가 되고 싶다면 다음의 생활수칙을 따라본다.

① 콩류를 많이 먹는다.
② 다양한 채소를 많이 먹는다.
③ 비탈길을 걷는다.
④ 평생 일을 놓지 않는다.
⑤ 삶의 보람을 찾는다.
⑥ 명상을 한다.
⑦ 과식하지 않는다.
⑧ 계절에 따라 차를 마신다.
⑨ 의사를 잘 고른다.
⑩ 이웃과 친하게 지낸다.

[자연치유력을 올리려면]

소식이 중요한 열쇠이다.
소식 할수록 건강하다. 섭취 칼로리를 30%를 낮추면 자연치유력이 높아진다. 시장기를 느끼면 생야채, 곤약, 무, 해조류를 먹는다.

아침을 굶으면 칼로리를 30% 낮출 수 있다.
아침은 배설모드인데 먹으면 소화와 흡수모드로 바뀌기 때문에 배설 장애 나타날 수 있다. 공복감은 자연치유력에 스위치를 켜는 것으로 내장이 휴식한다.

비타민 C를 섭취한다.
비타민 C를 섭취하면 모세혈관을 튼튼하게 하여 면역력이 높아진다. 비타민 C는 체내 합성이 안되고 열에 약하여 생야채, 셀러드를 먹는다.

물 2L를 마신다.

하루 2.5L 수분이 없어져서 음식으로 0.5L를 그리고 2L는 따로 마신다. 우롱차, 녹차는 카페인이 함유 되어 있기 때문에 마시지 않는다.

식재료를 통째로 먹는다.

껍질에 비타민, 미네랄, 폴리페놀이 많기 때문에 채소나 뿌리채소는 유기농을 구입하여 껍질 벗기지 말고 그대로 먹는다. 정제품일수록 자연과 멀어져진다.

먹고 나면 움직이고, 안 먹어도 움직인다.

몸은 움직이는 것 보다 움직이지 않는 것이 훨씬 피곤하다. 걷는 것이 최고 좋고 계단은 내 발로 올라간다.

냉온욕 되풀이 한다.

온탕은 물 온도를 40~42℃로 하고, 냉탕은 15~30 ℃로 하여 되풀이 한다. 1분씩 냉탕으로 시작하여 끝도 냉탕으로 마무리한다. 식후 1시간 만 피하면 언제든지 해도 좋다.

얇게 입는다.

얇게 입어 피부를 단련한다. 발가벗는 요법은 창가에서 외기를 접촉 하고, 모포와 의자를 준비한다.

조이는 옷은 입지 않는다.

피부로부터 노폐물 함유 체액이 나온다.

심호흡을 길고 가늘게 부드럽게 한다.

호기는 입을 통해, 흡기는 코를 통해 한다.

[효과적인 보조식품]

건강 장수자가 되고 싶다면서도 다음의 영양소에 대해서 잠재적으로 결핍인 사람들이 많다. 그래서 보조식품을 효과적으로 사용할 필요가 있다. 식재료 중에 포함된 영양가가 옛날에 비해 현저히 낮다. 50년 전에 비해 10분의 1, 20분의 1로 저하되어 있다. 채소의 비타민, 미네랄 등 Bioenergy는 시간이 경과될 수록 저하된다.

채소도 생물이므로 외부에서 영양 보충이 안되면 자체 보관 중인 영양 물질을 소비하고 살아야 한다. 그래서 금요일에 대량 쇼핑하여 냉장 보관 하고, 다음 금요일 먹으면 모양은 비슷하나 내용이 아주 부실하다.

① 비타민

13종류 중에서 하나라도 부족하면 몸 컨디션이 떨어진다. 3대 영양소를 충분히 섭취해도 심신이 피로하고, 스태미너와 집중력이 떨어지고, 비만 체질이 된다. 뇌피로, 전신피로에 임펙타민이 필요하다.

② 미네랄 20종

부족하면 잔잔한 신체적 문제가 많아진다. 체내 노화가 진전되어 비만이 된다.

③ 코앤자임 Q10

체내 에너지 만드는 데 필요하다. 혈액 순환을 높이고 근육에 에너지 공급하여 운동 능력을 높인다. 40대부터 떨어진다.

④ 폴리페놀

항산화력은 비타민 C의 340배, 비타민 E의 170배이다. 최근 좋은 제품이 시판되고 있다.

[걷는 자세]

건강하게 장수하고 걷기운동을 하고 있다면 바른자세로 걷는 것이 중요하다. 걷기를 하면서 다음과 같은 자세에 신경을 써서 걸어보자.

① 시선을 멀리 둔다.
② 턱을 당긴다.
③ 가슴을 편다.
④ 어깨 힘을 뺀다.
⑤ 배근을 뻗친다.
⑥ 무릎을 굽혀 팔을 전후로 크게 흔든다.
⑦ 다리를 뻗는다.
⑧ 보폭을 넓게 한다.
⑨ 뒷축부터 착지한다.

[노화(老化)는 질병이다]

노화란 일정기간 성장한 후 나이가 들면서 신체적 인지적으로 쇠퇴하여 죽음에 이르는 과정 중 정상적인 일차적인 노화가 아닌 노화를 말한다. 우리 인체는 죽음은 막을수 없지만 노화는 질병의 관점에서 예방할 수 있다.

세포는 유전적으로 제한된 수명을 갖고 태어나며 살아 있는 동안 세포의 크기, 염색체의 수, 효소의 증가와 감소 등의 변화가 일어나고 더 이상 변화가 없으면 노화가 발생한다. 또한 신체 호르몬이 노화되면 여러 가지 스트레스에 대한 저항력이 약해져서 질병을 유발하며 질병이 곧 노화를 일으킨다.

노화는 자연적인 과정이라는 믿음의 뿌리는 깊다. 하지만 오늘날 수많은 과학자들과 노화 연구자들은 노화를 치료할 수 있는 질병으로 설명한다. 그럼으로써 인간의 건강에 관해 우리가 그동안 알고 있는 모든 내용이 근본적으로 바뀔 것이며, 바뀌어야 한다.

생물이 늙어야 하고, 죽어야 한다고 말하는 법칙은 없다. 노화와 죽음을 숙명으로 보지 않고 치료의 대상으로 보는 패러다임 전환이 필요하다.

[노화의 진전]

40대에 이미 노화가 시작된다.

(1) 작은 계단도 숨이 차다. 부정맥 진단을 받은 적 있다.
(2) 식후엔 위가 더부룩하고 매스껍다.
(3) 설사, 변비가 잦다.
(4) 양치질하면 피가 난다. 입 냄새가 고약하다.

(5) 가래가 많아졌다.

(6) 화장실을 자주 간다. 오줌을 찔끔거린다.

(7) 후각, 시력, 청력 중 하나라도 저하되었다.

(8) 의욕, 기억력이 약해졌다.

(9) 1년 전에 비해 성욕감퇴, 발기부전이 생겼다.

(10) 검은기, 주름, 기미가 눈에 띈다.

(11) 감기가 잘 들고 상처가 잘 안 낫는다.

(12) 관절통이 있다. 근력 저하가 걱정이다.

(13) 잠들기 힘들고 얕은 잠을 자고, 아침 일찍 눈 떠진다.

위의 항목에서 5항목 이상에 해당한다면 노화가 진전되고 있다.

40대가 되면 활성산소에 의한 산화, 단백질의 당화, 호르몬 분비의 변화로 인해 세포, 호르몬 기능 저하되어 노화가 가속된다. 그러나 이들은 식사, 수면, 운동, 스트레스 대책 등 생활습관 개선으로 방지될 수 있다.

실제로는 활성산소에 의한 산화와 단백질의 당화가 동시에 진행되지만 그래도 하나씩 개선함으로써 노화의 진전을 늦춰볼 수 있다.

"기분이 나쁘면 소화가 안 되고 배가 아프다.

반대로 소화가 안 되고 배가 더부룩하면 기분이 좋지 않다.

장과 뇌가 이렇게 밀접한 관계에 있다는 것을 알면서

우리가 먹는 음식이 신체는 물론이고

정신질환에 미치는 영향에 대해선 크게 신경 쓰지 않는다."

– 이시형 박사

1.4
마이크로바이옴: 면역은 뇌가 30% 장에서 70%

식품영양과 정신건강의 연관성을 생각하자면 바로 떠오르지 않는다. 의과대학은 물론이고 각자 전문의 수련 과정에서도 이 문제가 깊게 다가오지 않고 있다. 그러나 실제로 두 분야야말로 현대인의 건강 문제를 이해하는 중요한 열쇠가 된다.

그러나 우리가 일상에서 먹는 음식이 우리 정신계에 얼마나 직접적인 큰 영향을 미치는가에 대해 임상에서 그리 중시하지 않고 있는 실정이다.

[식품영양과 정신건강]

현재 미국인의 비만율은 37%, 과체중은 35% 정도이다. 즉, 미국인의 약 72%가 정신질환에 걸릴 확률이 높다는 것이다. 먹는 음식과 관계가 깊은 것으로 알려진 당뇨병도 미국인의 10%에 육박한다. 영양과 건강에 절대적인 관계가 있다는 것은 일반인들도 알 수 있다.

내가 존경하는 우마 나이두 박사는 하버드 대학교 출신 정신과 의사이자 영양학자이며 정식 수련을 거친 전문 요리사다. 이렇게 영양에 직접적인 건강과의 연관성을 인식하고, 드디어 미국 최초의 영양 정신의학 클리닉을 하버드 대학교 연계 병원인 매사추세츠 종합병원에 설립했다.

그는 자신이 암 환자다. 많은 암 치료법이 있지만, 그는 건강한 음식을 챙겨 먹음으로써 몸과 마음을 보살피리라 다짐했고 그대로 시행했다. 그의 고백을 들어보자. "아픈 몸을 감당하는 일보다 더 어려웠던 것은 정신건강을 최상의 상태로 유지하는 것이다."

그는 이어서 암 덕분에 마음챙김을 깊이 받아들이고 삶의 방식에 대해 더욱 심도 있게 고찰할 수 있었다. 그는 이런 경험을 살려 영양정신의학이라는 새로운 분야에 뛰어들었다. 뇌가 지닌 놀라운 능력을 극대화하기 위해 어떤 식생활이 필요한지 자세히 알려주고 있다.

정신질환은 뇌와 신체 영역 사이에 혼선이 생기기 때문에 발생한다는 사실 정도는 우리 모두 알고 있다. 우울증은 심장에 영향을 미친다. 부신에 문제가 생기면 공황장애가 온다. 실제로 우리가 먹는 음식이 약물만큼이나 뇌에 깊은 영향을 미칠 수 있다는 것을 유념해야 한다.

정신건강에 장의 박테리아가 지대한 영향을 끼치고 있다. 뇌 화학물질의 상당수가 박테리아에 의해 생성되기 때문이다. 이게 정상적으로 존재하지 않으면 도파민, 세로토닌, 글루타민 등 중요한 화학물질이 분비되지 않는다.

우리 뇌가 안정적이고 건강한 상태를 유지하려면 장내 박테리아가 적절한 균형을 유지해야 한다. 역으로 박테리아가 정상적인 균형을 유지하려면 뇌가 안정적이고 건강해야 한다.

실제로 어떤 음식은 장내 유익균의 성장을 촉진하지만 어떤 음식은 이를 억제한다. 따라서, 음식은 가장 강력한 정신질환 치료제다. 때론 식이조절만으로 약물과 똑같은 효과를 얻을 수 있다. 이것이 영양정신의학의 핵심이다.

이것은 정신과만의 문제가 아니다. 믿기 어렵지만 많은 건강문제가 식습관이 기인하고 있다. 하지만 실제로 병원에서 식사에 대한 조언을 듣는 경우는 드물다.

[장뇌상관]

장과 뇌는 자율신경으로 연계되어 있다. 우리 의식으로 컨트롤할 수 없다. 기분이 나쁘면 무의식 중에 소화가 안되고, 소화가 안되면 기분이 나쁘다. 이렇게 장과 뇌는 밀접한 연관이 있으며 서로 영향을 주고 받는다. 이것을 '장뇌상관'이라고한다.

면역의 30%는 뇌에서 만든다. 그래서 즐겁게 웃고, 긍정적으로 생각하고, 적절한 운동과 규칙적인 생활과 숙면을 취하는 것이 면역을 높이는데 효과적이다. 그리고 자연과 함께 하는 시간을 많이 갖고 스트레스를 줄이는데 노력해야 한다.

장에서는 70%의 면역을 만든다. 그래서 균형적인 식사를 해야 한다. 발효식품을 많이 섭취하고, 식물섬유와 올리고당을 섭취해야 한다. 적당한 운동을 하면서 식품첨가물 섭취를 가급적 줄인다.

장내 세균이 건강해야 면역력이 높아진다. 그럼, 무엇을 먹어야 할까?

① 채소류, 콩류, 과일류, 전곡류 등 식물성 식품을 섭취한다.
② 발효 식품을 매일 섭취한다.
③ 식물 섬유나 올리고당을 섭취한다.
④ 가공식품, 첨가물을 피한다.
⑤ 잘 씹어 먹는다. 소식한다.
⑥ 적당한 운동을 하고 자연을 가까이 한다.

[중간균의 기능]

장내 세균은 유익균, 유해균, 중간균 3종류가 균형을 이룬다. 유익균이 우세일때는 중간균이 유익균으로, 유해균이 우세일 때는 중간균이 유해균으로 된다. 유익균은 장내 유독물질을 무독화하고, 장내를 산성으로 만들어 면역력을 활성화시킨다.

유익균은 유해균을 억제하고, 병원균 침입을 막아 장내 세균총을 안정시킨다. 음식의 소화·흡수·대사를 도와 미네랄의 흡수와 배출를 통제한다. 장내 부패를 억제하여 설사와 변비를 막는다. 비타민류, 부신피질 호르몬, 여성호르몬 등의 합성을 돕는다. 바이러스 증식, 병의 발병을 저지하는 인터페론 합성 능력을 높힌다.

그 외에 날씬균과 비만균의 기능도 있다. 비만균은 지방과 당분을 흡수하여 저장하고 비만 체질이 된다. 비만이 되면 면역이 떨어지고 생활습관병에 걸릴 확률이 높아진다.

날씬균은 지방을 연소하여 날씬한 체질로 만든다. 면역력이 높아지고 생활습관병을 예방한다. 따라서 건강을 생각한다면 날씬균이 좋아하는 식품을 먹도록 한다. 높은 식물(植物) 섬유와 저지방 식사와 같은 다이어트 식품을 섭취한다.

[건강의 KEY는 장에 있다]

러시아의 노벨상 수상자 메치니코프는 "죽음은 대장에서 시작한다"라고 했다. 복잡한 체내 환경은 미생물 유전체, 즉 '마이크로바이옴'의 영향이 크다. 미국국립보건원(NIH)은 2008년 인간게놈프로젝트와 더불어 인간 마이크로바이옴 프로젝트를 시작했다. 이렇게 장은 인간의 모든 생리기능의 중심이다.

장에 살고있는 세균은 면역, 해독, 염증, 영양의 흡수, 탄수화물 및 지방의 이용, 알레르기, 천식, 암, 당뇨병, ADHD 등에 영향을 끼친다. 마이크로바이옴은 기분, 식욕, 대사, 면역, 인지력, 의식의 명료, 비만 등에 영향을 끼친다.

간단히 말하자면 감정적으로 신체적으로 우리 건강에 관한 모든 것은 마이크로바이옴 상태가 결정한다.

건강한 마이크로바이옴을 위해 다음과 같은 식품을 섭취한다.

① 프로바이오틱스가 풍부한 식품- 발효식품(김치, 사우어크라프트)
② 프리바이오틱스 - 장내 유익균의 먹이(양파, 마늘 등)
③ 다양한 형태의 식물 - 뿌리, 잎, 줄기, 열매, 등 일주일에 30종류 이상 섭취한다.
④ 고콜레스테롤은 건강에 유해하지 않다. 고단백, 고지방 외 정제 가공식품 자제한다.

"면역 이야기를 하려니 줄기세포를 빼놓을 수 없다.

내가 정성일 원장의 저서 '줄기세포'에 대한 추천서를

쓴 게 2020년 7월이었다. 새로운 획기적인 미래의학

분야라 놀라기도 했지만, 내가 본격적인 관심을 갖게 된 것은

세계 부호들의 한국행 의료 관광 사업 구성에서부터 였다.

최근 JEUNEX의 성기수, 김정빈 박사의 초청으로

줄기세포 치료를 받고 보니 참으로 놀라운 효과를 체험했다."

– 이시형 박사

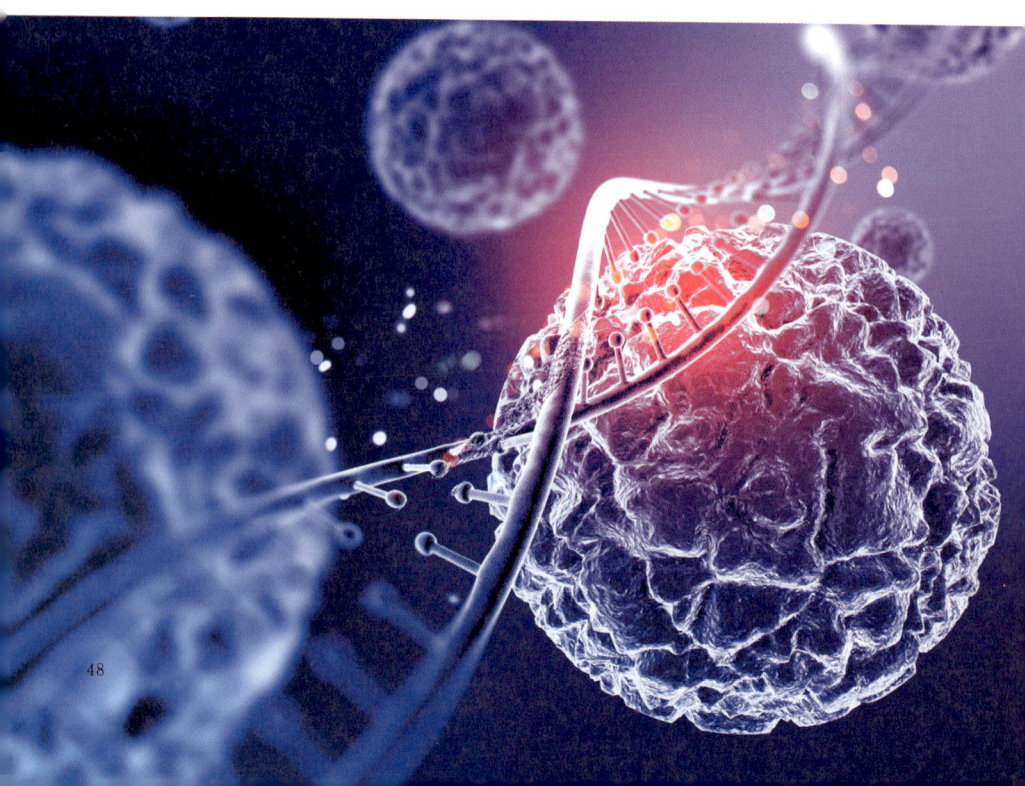

1.5
줄기세포 치료

최근에는 줄기세포 치료가 코로나19에도 상당한 치유 효과를 보인다는 보고서가 Aging & Disease 의학지에 실렸다. 이제 우리는 초고령 시대, 그러나 건강수명이 평균 수명에 10년이나 못 미치는 유병 장수 시대에 살고 있다. 그래도 인생 최후의 10년을 잘 넘길 수 있는 비법은 한마디로 줄기세포를 이용한 재생의학에 있다는 확신이 선다.

다만 아직 시술비가 고가여서 추천하기에 주저하게 된다. 하지만 앞으로 시대는 「젊음, 미, 건강」도 중시되고 또 면역력이 현저히 떨어진 경우에는 큰 마음 먹고 시도해 볼 만 하다.

[최첨단 의료, 줄기세포치료]

줄기세포 치료는 현재로서는 최첨단 의료이다. 그동안 법적으로 묶여있던 줄기세포가 2019년 11월에 풀리면서 최근에 높은 관심 분야로 떠오르고 있다.

이번 코로나 사태는 폐와 간에 심각한 손상을 입히고 있는데, 줄기세포 치료법이 조직 재생이라는 측면에서 아주 효과적이다는 보고가 있다. 코로나 팬데믹 사태에서 보여주듯 사망자 대부분이 면역력이 약하거나 기저질환이 있는 70~80대이다. 그러나 본인의 면역세포나 줄기세포가 보관되어 있었다면, 이럴 때 자기 세포를 은행에서 찾아 맞는다면 얼마나 좋았을까 하는 생각을 하게 된다. 줄기세포 은행을 적극적으로 활용하는 실기도 이참에 잘 익혀야겠다.

어쨌거나 21세기 재생의학의 중심은 줄기세포 치료라는 사실을 잊어서는 안 된다. 줄기세포가 상징하는 새로운 의학 개념은 바로 자기 세포로 질환을 원인적으로 없앤다는 것에 있다. 즉, '자기 세포 재생 치료'라는 새로운 미개척지에 도전하고 있다. 이런 과정을 통해 「면역 체계는 면역세포들이 하는 것이고, 재생 체계는 줄기세포가 담당한다」라는 것이 확인된 셈이다. 그런 시술은 단순히 질병을 치료하는 데 그치지 않고 노화되는 조직을 재생하고 손, 눈, 귀, 뇌의 성능도 높여줄 것이다.

40대가 넘어서 어느 날 거울을 보면 깜짝 놀란다. 깊은 주름살과 백발을 보노라니 이게 난가? 하는 자괴감과 함께 마치 인생 다 산 것 같은 깊은 우울감에 빠진다. 외모가 심리적 스트레스를 주는데 큰 영향을 미친다는 것은 잘 알려진 사실이다.

줄기세포 시술을 위해 성형외과를 찾는 분들에게 손상된 외모도 중요하지만, 심리적 스트레스도 만만치 않다. 그리고 노화는 필수적으로 성기능의 위축을 동반한다. 이 역시 방치하면 부부간에 큰 문제가 될 수 있다. 질개선술에 쓰이는 줄기세포 시술은 질부분의 혈관 재생 능력을 향상하는 치료술이다. 질 부위에 새로운 혈관이 생성되면서 재생 치료가 된다. 같은 이치로 남성에게도 효과적이다.

중년이 되면 자신감이 떨어지면서 그 영향이 자기 생활 전반에 미친다. 이쯤 되면 줄기세포 치료는 외모뿐만 아니라 남녀의 자존심도 회복시켜주는 신비의 시술이라 할 수 있다. 중년이 되면 적극적으로 치료받고 스스로 젊음을 유지하기 위한 노력을 게을리해선 안된다.

줄기세포는 성형 미용시술에 탁월한 효과를 보이고 있으며, 조직 재생뿐만 아니라 면역력 증강에도 획기적인 효과를 보인다. 국내뿐 아니라 외국에서도 한국의 섬세한 미적 감각을 높이 평가하고 있다. 현재는 고가이지만 차츰 대중화될 날이 반드시 올 것이라 믿는다.

"우리가 '잘 먹겠습니다'라는 말을 입 밖으로 소리내서 하는
이유는 이 감사가 누군가에게 전해지기 바라서일 것이다.
그릇 안에 담긴 음식의 재료들, 채소과 곡식과 과일에 가장
먼저, 그것을 길러낸 흙과 햇볕과 빗방울에, 땀 흘려 가꾸고
수확한 농부에게, 정성 들여 요리를 해준 사람에게,
맛있는 음식을 먹을 수 있도록 나를 있게 한 한 부모와 조상에게
이 소중한 음식을 받아 든 나 자신에게, 이 모든 기쁨과 행복을
선물한 부엌의 신과 계절을 관장하는 신에게."

- 람태주 에세이/ 관계의 물리학 중에서-

1.6
한국전통식이 최고의 건강식

한국전통식 유기농 통곡물과 자연식물식(비건지향)을 옛날 우리 조상들이 그러했던 것처럼 자연이 가진 생명력을 최대한 그대로 섭취하기 것이 몸에 가장 좋다.

한국전통식은 최고의 건강식이다. 그러나 한국 농산물이 문제이다. 한국의 농산물은 농약과 비료를 많이 쓴다. 이는 60년대 녹색혁명의 영향이 크다. 때문에 땅이 죽어가고 있다. 땅을 살리기 위한 새로운 시도가 필요하다.

[잔류 농약 걱정을 덜어주는 나노기술]

농약 없이는 농사를 지을 수 없는 것일까? 지구촌 인구는 팽창해가고 있어서 더 많은 식량이 필요하다. 반면에 노령화로 노동력은 감소하고, 대량생산체제가 요구되는 상황에서 재래식 농법으로는 그 수요를 충족할수 없다고 본다.

대량 생산체제 농업에서는 수많은 농약을 다량으로 사용할 수밖에 없다는 것은 불가피한 일일 것이다. 이러한 현실에서 최근 그 걱정을 덜기 위한 많은 노력이 경주되고 있다는 것은 고무적인 일이다. 그 중에서도 나노기술을 이용하여 농산물의 잔류농약을 제거하는 획기적인 기술이 개발되었다.

[한국전통식이 세계 최고가 되려면]

한국전통식이 세계 최고가 되려면 모든 농산물이 농약, 비료 성분이 없는 유기농이어야 한다. 맛이 좋고 영양 균형이 잘 잡혀있어야 한다. 면역력 증강이 되는 식품이어야 하고 동시에 다이어트에도 도움이 되어야 한다.

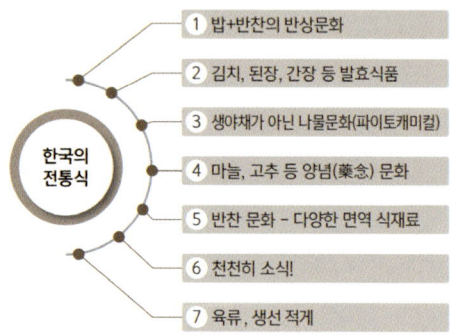

음식을 조리할 때 덜 짜고 덜 달게 해야 한다. 한국 전통 식단에 빠질 수 없는 김치도 절인 음식으로 짜다. 이런 측면에서 강성미 원장의 샐러드 저염 김치를 적극 추천한다. 이 책에서 소개하는 요리법은 기름없이 저염식단을 차릴 수 있도록 만들었다. 또한 앞으로 더 많은 저염 식단 개발이 되여야 할 것이다.

한국전통식에서는 국과 밥의 비중이 크다. 따라서 국과 밥을 건강하게 섭취하는 것이 중요하다. 흰쌀밥은 현미밥 같은 복합 탄수화물로 바꾼다. 되도록 국 섭취를 줄이고 나물반찬을 권한다.

코로나19 팬데믹으로 한국 사회에 배달 문화가 많이 확산되었고, 팬데믹 전부터 외식 문화가 발달하였다. 배달 음식이나 외식 음식은 소비자를 유혹하기 위해서 자극적인 맛을 낸다. 건강과 다이어트를 생각한다면 한국전통식으로 집에서 맛있게 요리하여 건강한 식사를 하는 것이 좋다.

[강성미 원장의 오행밥상을 추천하는 이유]

한국전통식 유기농 레시피의 기본 바탕은 오방색(청적황백흑)과
신맛, 쓴맛, 단맛, 매운맛, 짠맛, 떫은맛 등 여섯 가지(육미, 六味)의
맛이다. 인간의 氣를 빠져나가게도 하고, 만들어 주기도 하는 오행의
원리에 따라 오방색과 오행에 따른 식품을 사용하여 구성하기 때문에
면역증진에 도움이 된다.

오행밥상은 거창한 상차림이 아니라 소박하고
단순하다. 생명존중을 바탕으로 우리의 몸과
마음 그리고 지구의 평화를 위해 제철 유기농
농산물과 전통된장, 집간장, 간수 뺀 천일염을
사용하여 건강한 오행밥상을 차릴 수 있다.
예를 들어 밥, 된장국, 미역, 민들레나물만으
로도 오행밥상은 완성할 수 있다.

쌀의 흰색, 된장국의 황색, 김치의 붉은색, 미역의 검은색, 취나물
의 푸른색이 고루 들어가 있기 때문이다. 쌀로만 지어진 쌀밥 대신
잡곡밥이 있으면 더 간단해진다. 잡곡밥에는 여러 가지 색깔이 섞일
수 있기 때문이다.

생활환경이 오염된 상태 속에서 먹고 마시는 기본 생체 활동을 하다
보면 계속해서 유해물질들이 우리 몸속에 들어온다. 이런 유해물질은
체내에서 독소가 되어서 면역력을 저하시키고 온갖 종류의 질병들을
만들어 낸다.

대체의학에서는 체내 해독 과정을 통해서 면역력을 높일 수 있다고
본다. 그래서 대체의학은 '선해독 후보안' 즉 먼저 독소를 체내로부터
배출하고 나서 좋은 것을 보완하는 것을 치료법을 사용한다.

[오방색 제철 디톡스탕]

건강에 좋은 디톡스 음식을 손쉽게 만드는 방법을 소개하고자 한다. 재료는 철마다 쉽게 구할 수있는 식재료를 사용한다.

재료 :

단호박 1개, 연근 1개, 고구마 1개, 당근 1개, 양배추 1/4개, 토마토 3개, 케일 5장, 목이버섯 7개, 브로콜리 1개, 천일염 조금

1. 재료는 유기농으로 준비해 세척하여 껍질째 사용한다.
   (절기에 따라 재료는 바꿔도 된다.)

2. 모양과 느낌이 서로 다른 단호박, 연근, 고구마, 당근은 연필깎듯 제각각 썬다.

3. 냄비에 1리터의 물을 넣고 먼저 익혀야 되는 2번의 딱딱한 재료들을 넣어 익힌다.

4. 양배추와 토마토는 먹기 좋은 크기로 썬다.

5. 3번 재료들이 10분 정도 끓으면 양배추와 토마토를 넣는다.

6. 양배추와 토마토을 넣고 5분 후에 목이버섯, 브로콜리, 케일을 넣고 1분간 끓인다.

7. 마지막으로 천일염을 넣어 간을 맞추고 1분 끓여주면 완성된다.

8. 간을 하지 않고 먹어도 천연의 채소맛으로 맛있게 먹을 수 있다.

[1% 비거닝, 나와 지구를 위한 따뜻한 실천]

우리가 먹는 음식은 우리가 된다. '나 아닌 것'이 '나'로 변한다. 우리가 무엇을 먹을지 그것이 식탁에 올라오기까지 어떤 과정을 거쳤는지, 나아가 이 과정이 우리가 식재료를 구매하는 데 어떤 영향을 끼칠 것인가에 대한 인식이 필요한 때문이다.

우리 세대에 주어진 가장 중대한 과제이자 집단적 목표는 생태계에서 올바른 관계를 만들어 냄으로써 더욱 건강하게 진화한 지구를 후손에게 물려주는 일이다.

한국전통식 유기농 통곡물과 자연식물식으로 자연이 가진 생명력을 있는 그대로 받아들이는 한국전통식이 세계 최고의 건강식이다.

"먹거리를 중심으로 면역력 증강에 대한 논의를 자세히 해왔다.
그러나 면역은 알다시피 먹거리만으로 해결되는 게 아니고
생활 전반이 면역적이어야 한다.
그리고 잊지 말아야 할 것은 면역의 30%는
뇌에서 만들어진다는 사실이다.
식탁 분위기에서부터 생활 전반이 문화적으로 쾌적해야 한다.
긍정 호르몬이 분비되기 위해서는
건강에 직접적인 영향을 미치는 요인들을
잘 분석하고 대처해나가야 한다."

– 이시형 박사

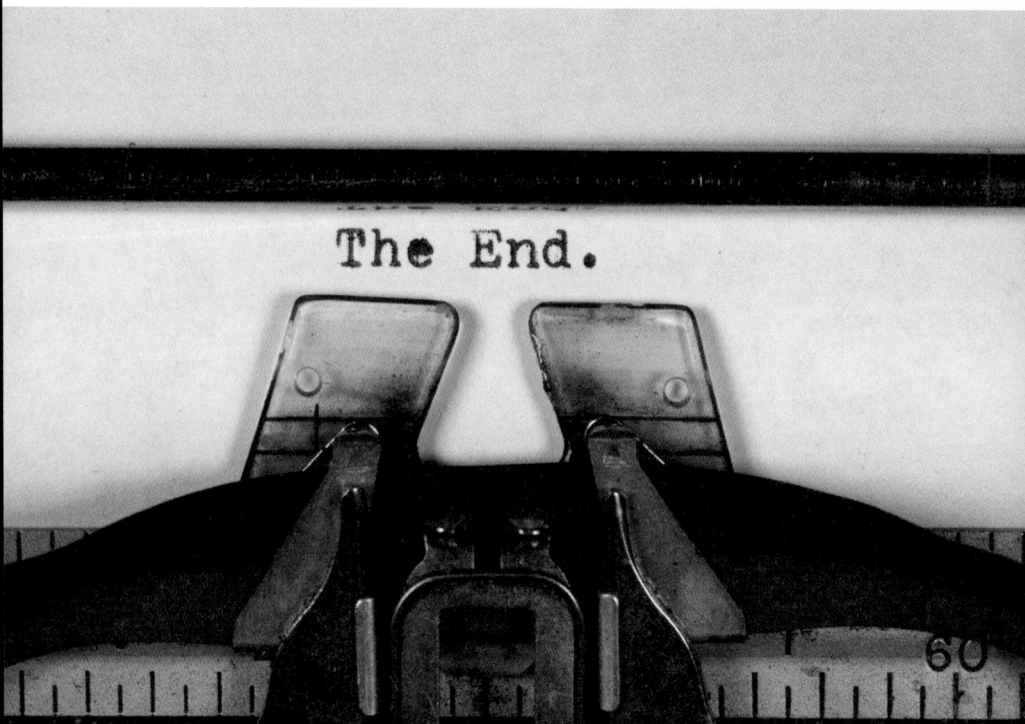

The End.

1.7
면역증진 이야기를 마무리하며

일단 노화를 지연시킬 수 있다면 좋겠다. 지금 우리는 세계에서 제일 빠른 속도로 고령화가 진행되고 있다. 그리고 세계 최저의 출산율을 보이고 있다. 이 둘은 한 세트로 진행된다. 한마디로 이런 미래 사회가 요구하는 인재상은 건강 연령이 젊어야 한다. 다행히 우리 한국의학은 성형 미용술에서 세계 최고다. 벌써 많은 외국 환자들이 다녀가고 있다. 가끔 부작용도 따르지만 이를 위한 애프터서비스도 잘 되어야 한다.

한국의 베이비 부머 세대는 세계 최고의 기술자다. 오늘날 한국의 근대화와 산업화를 일군 기적의 세대다. 이들이 연대를 잘하면 실버 산업을 이끄는 세계적인 기업이 될 것임은 분명하다. 쇼핑, 화장품, K-POP, 패션 등 모든게 세계 최고다. 그리고 우리의 면역을 중심으로 한 건강 체크까지, 그리고 나이가 들면 닳아서 기능부전이 되는 기능을 보조하는 보청기, 안경, 의치 등 보조기구 등 실버 산업을 실버 세대가 해야 한다.

초고령 사회가 되면서 80대 이상이면 건강상 문제로 여러 제한이 생긴다. 즉, 건강 수명이 평균 수명보다 약 10년 짧아서 이 시기가 인생 최후의 10년을 힘들게 한다. 장수가 오히려 재앙이 되어 소위 「장수의 늪」을 현명하게 건너기 위해 평소의 생활 습관이 예방책으로 중요하다. 늦어도 50대부터 인생 마지막 10년을 건강하게 넘길 수 있도록 대비해야 한다. 급한 경우에는 큰 마음 먹고 줄기세포 치료를 권한다.

PART II
면역증진 다이어트
키친 레시피

2.1 사계절 내내 필요한 음식

생명력을그대로 요리 속으로
불리지 않고 바로 짓는 압력솥 현미밥
살아있는 종합비타민 얼갈이 열무김치
막된장으로 만든 건강한 저염된장
브로콜리 꽈리고추 새송이 버섯 청국장 볶음
면역증진에 좋은 밀순 비트 녹즙

"생명 존중을 바탕으로 우리의 몸과 마음 그리고
지구의 평화를 위해 고기, 생선, 계란, 우유, 인공조미료 등을 배제한
제철 유기농 농산물과 전통된장 집간장 간수 뺀 천일염으로
자연의 생명력을 그대로 요리 속으로"

– 유기농문화센터 강성미 원장

2.1
생명력을 그대로 요리 속으로

간식 하나를 사먹으면서 식품이 몸에 해로운지 성분을 일일이 따져 먹는 것이 무척 피곤한 일일지도 모른다. 하지만 안전한 식품을 찾기 힘들다고 몸에 해로운 먹거리를 굳이 찾아서 먹을 필요는 없지 않은가? 분명한 것은 어떤 음식을 먹느냐는 곧바로 우리 몸과 건강에 직결된 다는 사실이다. 그래서 어떻게 요리하는 가도 매우 중요하다.

「NO 설탕, NO 기름」 설탕과 기름 범벅으로 요리를 하면 건강한 음식 이라 할 수 없다.

[365일 자연 그대로의 음식]

생명력 그대로를 섭취하기 위해서는 어떻게 요리하는지가 매우 중요 하다. 신맛, 쓴맛, 단맛, 매운맛, 짠맛, 떫은맛은 과일, 채소, 통곡물에 모두 있는 맛이다. 이 자연스러운 맛을 고스란히 느끼기 위해서는 신 선한 친환경 농산물로 양념을 간소화해 요리하면 된다.

내가 강조하는 것은 색색 채소로 차리는 '오방색 밥상'이다. 오방색은 청, 적, 황, 백, 흑이다. 소화와 흡수를 돕는 오장육부와 관련이 되어 오방색 밥상이라 이름을 붙였다. '오장육부'는 '비움과 채움' 역할을 한다. 음식이 오장(비우는 것) 육부(채우는 것)에서 순환이 되어야 건강해진다.

오방색 밥상을 만드는 것은 어렵지 않다. 밥, 김치, 다양한 색상의 뿌리와 줄기채소, 초록색 잎채소, 발효식품 이렇게 다섯 가지면 충분하다. 한 가지 더 신경 써야 할 게 있다면, 채소와 과일은 가능한 노지에서 난 제철 먹을거리를 추천한다. 제철 음식이 아닌 것들은 우리 체질에 맞지 않는다. 예를 들어, 시설재배로 제철을 잃어버린 찬 여름 과일을 겨울에 먹으면 체온이 낮아지고 면역력도 떨어지게 된다.

건강식을 하고 싶어도 사회생활을 해야 해서 현실적으로 어려운 부분이 있다. 그래도 아침 출근 전에 유기농 현미밥만 도시락을 싸서 점심 식사에 밥이라도 통곡물로 꼭꼭 씹어 먹는다면 과식도 피하게 되고 소화도 잘된다. 일주일 한 번은 집에서 건강한 음식을 직접 만들어 먹는 습관도 중요하다.

건강한 식단이 필요한 사람들에게 이 책에 담긴 면역증진 다이어트 키친 레시피를 추천한다.

① 단식 이후, 수술 이후, 위장 장애로 식단관리가 필요한 사람
② 편의점과 배달음식을 탈출하고 싶은 사람
③ 건강한 밥상으로 다이어트, 디톡스가 필요한 사람
④ 혼밥과 도시락을 해결해야 되는 사람
⑤ 자취생 밥상, 맞벌이 밥상을 고민하는 사람
⑥ 고혈압, 당뇨, 비만, 등 채식 밥상으로 몸을 회복해야 되는 사람
⑦ 땅, 바다, 환경, 동물에게 폭력을 가하지 않고 요리를 배우고 싶은 사람
⑧ 통곡물 현미밥과 절기별 나물 반찬, 김치, 저염 장아찌, 조림 등을 초간단으로 배우고 싶은 사람

이 책에서는 계량 단위를 제공하지 않는다. 우리 할머니가, 어머니가
사용하던 '적당히'로 요리를 한다.

"정도에 알맞게, 소금을 적당히 넣어 간을 맞추다 보면
금방 실력이 늘어요!

요리하는 대한민국 시작해 볼까요!"

- 유기농문화센터 원장 강성미

치매엄마와 함께 하는 행복한 요리 시간

불리지 않고 바로 짓는
압력솥 현미밥

68

재료	현미1: 찰현미 1, 찰조(잡곡) 한 줌
	백미에서 현미로 바꾸면 가족이 반란을 한다. 처음에는 1:1비율로 통곡물 밥을 짓다가 찰현미 비율을 줄인다.

만드는 법
1. 잘 씻은 현미쌀을 압력솥에 담는다.
2. 물량은 적당히 맞춘다.
3. 가장 센 불에서 밥을 짓기 시작한다.
4. 압력솥에서 칙칙칙 소리가 나기 시작하면 4분간 유지한다.
5. 4분 이후에 가장 낮은 불에서 20분간 뜸을 들인다.
6. 불을 끄고 압력솥는 자연적으로 공기가 빠질 때까지 기다린다.
7. 압력솥에 배꼽이 들어가면 생명력이 그대로 살아있는 맛있는 현미밥이 완성된다.
8. 마지막으로 잘 저어주면 된다.

살아있는 종합비타민
얼갈이 열무김치

재료   얼갈이 열무, 대파, 쪽파, 양파, 마늘, 생강, 사과, 무, 고춧
가루, 집간장, 찬밥, 다시마, 간장, 간수 뺀 천일염

만드는 법 1. 열무를 살살 손질해서 먹기 좋은 크기로 자른다.

2. 손질한 열무를 헹궈주고 소금에 절인다.

3. 얼갈이도 먹기 좋은 크기로 자르고 헹궈 소금물에
절인다.

4. 대파와 쪽파는 얼갈이와 열무보다 작은 크기로 썬다.

5. 다시마를 물에 5~7시간 정도 우린다. 얼갈이 한 단,
열무 한 단 정도의 김치를 담글때는 다시마 우린 물
2000cc 정도 필요하다.

6. 사과, 양파, 마늘, 생강, 무를 믹서에 갈기 편한 크기로
썬다.

7. 찬밥, 다시마 우린 물, 6번을 믹서기에서 잘 간다.

8. 홍고추, 마른고추를 믹서에 갈기 쉽게 썰고, 다시마 우린물을 넣어 믹서에서 투박하게 간다.

9. 고춧가루는 미리 다시마 우린 물에 풀어놓는다.

10. 7번, 8번, 9번을 넣고 간장 10ml와 간수 뺀 천일염으로 간을 맞추고 고춧가루를 넣어 잘 섞는다.

11. 준비한 양념장에 손질한 대파, 쪽파를 버무려 준다. 절인 열무와 얼갈이는 3번 정도 살살 헹궈주고 체반에 받쳐 물기을 빼준다.

12. 11번 양념장에 열무와 얼갈이를 넣고 살살 버무린다.

빨리 먹을 것과 익혀서 먹을 것을
따로 따로 담는다.

막된장으로 만든
건강한 저염된장

재료   유기농 대두, 막된장 또는 전통된장(마트 판매 것은 안됨)

만드는 법   1. 대두는 물을 부어 6시간 이상 담가둔다.
       여름에는 담가 냉장고에 넣어둔다.

       2. 부른 콩을 강한 불에서 물을 많이 부어 삶고, 끓기
       시작하면 40~50분 더 삶는다. 각자의 불 세기에
       따라 시간은 조절한다.

       3. 대략 뭉글뭉글한 콩을 씹었을 때 청국장 먹을 때처럼
       식감이 남아 있으면서도 부드럽게 씹히는 느낌이다.

       4. 믹서에 10초 정도 갈거나 살짝 만 갈아 사용해도
       된다. 이런 상태를 무 콩장이라고 이름 붙여봤다.

       5. 무 콩장에 막된장을 넣어 잘 섞는다

       6. 콩을 씹는 느낌이 좋다면 조금만 간다. 아이들이 씹는
       맛을 싫어하면 많이 간다. 취향에 따라 결정한다.

       7. 바로 먹어도 되지만, 냉장고 넣고 2~3일 뒤에 발효시켜
       먹는다. 오래 먹을 거면 조금 짜게, 저염으로 먹을거면
       먹을 만큼해서 바로 먹는다.

브로콜리 꽈리고추
새송이 버섯 청국장 볶음

재료   브로콜리, 꽈리고추, 새송이버섯, 파, 마늘, 청국장, 된장

만드는 법   1. 브로콜리, 새송이버섯, 꽈리고추를 취향껏 썬다.

2. 청국장 물을 넣어 잘 풀어준다. 고춧가루를 넣어도 된다.

3. 물을 조금 넣고 꽈리꼬추를 볶는다.

4. 적당히 익었으면 새송이버섯을 넣어 볶는다.

5. 파, 마늘, 풀어 놓은 청국장을 넣고 된장으로 간을 한다.

6. 마지막으로 불을 끄고 브로콜리를 넣어 남은 열기로 익힌다.

　* 물기를 좋아하는 경우는 5번에 물을 조금 넣어 자박 자박하게 해줘도 된다

면역증진에 좋은
밀순 비트 녹즙

재료   밀순, 비트, 검은깨 또는 통참깨

만드는 법   1. 밀순과 비트를 깨끗이 세척한다.

          2. 검은깨는 생깨로 그대로 준비한다.

          3. 쇠가루가 나오지 않는 녹즙기로 잘 갈아준다.

          4, 컵에 예쁘게 따라 낸다.

          * 밀순 녹즙은 하루에 50ml 이하로 마신다. 몸이 차가운 사람은 차게 먹지 않는다.

2.2 봄

영양학적 불균형으로 몸이 아프다
봄내음 싱그러운 냉이 콩나물 국밥
봄내음 가득한 쑥만두국
세발나물과 민들레나물 무침
봄에 친숙한 원추리나물 무침
몸을 따뜻하게 부추 순두부탕
피로회복의 신맛 풋마늘대 저염장아찌

"예전에는 먹을 것이 없어서 영양 결핍으로 인한 질병들이
많았다면, 지금은 풍족한 식생활로 오히려 병을 얻게 되었다.
영양, 지나치면 모자란 것만 못하다.

현대인은 하루 세 끼에다 간식, 그것도 모자라 영양제까지
챙겨 먹으면서 늘 영양 과잉 상태, 더 정확히 말하자면,
영양은 부족하고 칼로리 과잉 상태로 살고 있다. "

- 유기농문화센터 강성미 원장

2.2
영양학적 불균형으로 몸이 아프다

커피나 음료, 빵, 과자 같은 간식을 주식으로 먹고, 퇴근 후에는 소주한 잔에 삼겹살과 치킨과 맥주를 마시는게 당연시 되어왔다. 그런데요즘은 양념치킨이나 피자 같은 패스트푸드를 배달시키거나 편의점에서 가공식품으로 끼니를 해결하고 있다.

이런 음식으로 몸에 필요한 칼로리를 얻을 수는 있으나, 영양적으로 건강한 에너지를 줄 수는 없다. 달콤매콤한 자극적인 맛에 길들여져습관적으로 먹는 것일 뿐이다. 그러나 이러한 맛 뒤에는 과식과 식품첨가제 중독의 가능성을 숨기고 있다.

[건강을 위협하는 식탁]

식품산업의 발전으로 우리 식탁은 가공식품과 인스턴트 식품으로넘쳐나게 되었다. 집에 있는 냉장고를 한번 열어보면 몇 가지 채소류를 제외하고 햄, 소세지, 통조림 등 가공식품이나 가공식품으로 조리한 반찬, 즉석 식품, 음료, 유제품, 인스턴트 식품들이 자리잡고 있을것이다.

예전에는 집에서 직접 만들어 먹던 김치, 고추장, 간장, 된장 등 기본적인 양념까지 슈퍼에서 사다 먹는 세상이 되었다. 슈퍼에서 사다 먹는 고추장, 간장, 된장은 전통 발효식품이 아니라 식품첨가제를 함유한 가공식품이다. 우리가 슈퍼에서 산 모든 식품에는 맛을 내고 오래 보존하기 위한 식품첨가제가 서너 가지 이상 들어 있다. 특히 맛있어 중독에 빠진 식품들에는 열 가지가 넘는 식품첨가제가 들어 있다.

화학첨가물이 인체에 유해하다는 것은 많은 사람들이 인지하고 있다. MSG를 장기간 과다섭취하면 뇌세포 손상으로 치매나 알츠하이머, 또는 심지어 실명에 이를 수 있기 때문에 선진국에서는 오래전부터 사용이 금지되었다.

이외에도 미국식품의약국(FDA)은 합성착색료인 황색 4호와 황색 5호가 알레르기와 천식, 체중 감소, 설사 등을 유발 위험성을 경고했고, 적색 2호는 사용 자체를 금지하고 있다. 이러한 유해성에도 불구하고 허가된 적정 사용량만 지키면 괜찮다며 화학첨가제를 계속 사용하고 있다.

우리는 하루에도 여러 가지 가공식품과 패스트푸드, 인스턴트 식품을 먹고 있기 때문에 허용 기준치보다 훨씬 많은 양의 식품첨가제를 먹고 있는 것이다. 그래서 '칵테일 효과'를 걱정해야 한다.

칵테일 효과란 두 가지 이상의 화합물을 섞을 때 예상치 못한 유해성이 나타나는 현상이다. 예를들면, 우리가 흔히 방부제로 알고 있는 식품첨가물 안식향산나트륨과 합성비타민 C를 함께 사용하면 강한 휘발성 물질이자 발암물질인 벤젠이 만들어진다고 한다.

따라서 다양한 조합의 화학첨가물이 든 가공식품이나 인스턴트 식품을 섞어 먹을 때도 칵테일 효과가 발생할 가능성이 있다. 이처럼 위험천만한 식품첨가제가 든 식품을 먹는 것은 우리 몸속에 무서운 독소를 수시로 집어넣는 것과 같다.

즉, 어떤 음식을 먹느냐는 곧바로 우리 몸의 건강과 바로 연결된다. 그래서 우리가 무엇을 먹는 가가 미래 우리의 건강에 크게 영향을 미칠 것이다.

밖에서 먹는 음식에 대해서는 어쩔수 없더라도 집에서는 유기농 통곡물로 맛있게 밥을 지어 먹고, 밥만큼은 도시락을 준비해 먹어보도록 한다. 그리고 집에서는 맛있게 지은 통곡물 밥에 김치로 1일 1식 1찬으로 시작해 보자. 더 간단하게 아침을 시리얼로 먹는다면 설탕이 없는 유기농 통곡물 시리얼이나 유기농로 만든 오트밀을 먹는 것도 좋다.

봄내음 싱그러운
냉이 콩나물 국밥

재료　　　콩나물, 냉이, 현미밥, 브로콜리, 간수 뺀 천일염,
　　　　　　기호에 따라서 제철 채소 추가

만드는 법　1. 콩나물을 물 없이 뚜껑을 열고 익힌다.
　　　　　　2. 냉이는 물에 살짝 데쳐서 찬물에 잠깐 담가 검은 물을
　　　　　　　　뺀다.
　　　　　　3. 1번 콩나물이 비린내가 없어질 정도로 익으면 물을 붓고
　　　　　　　　한소끔 끓이고 데친 냉이를 넣는다 .
　　　　　　　　마늘, 고춧가루, 청양고추는 취향껏 넣는다.
　　　　　　4. 천일염으로 간을 하고 불을 끈다. 브로콜리는 섞어
　　　　　　　　열기로 익힌다.
　　　　　　5. 현미밥 위에 완성된 국을 올린다.
　　　　　　　　뜨거운 음식을 좋아한다면 뚝배기에 담아 한번 더
　　　　　　　　끓여 낸다.

봄내음 가득한
쑥만두국

재료 생취나물, 세발나물, 두부, 통깨, 간수 뺀 천일염, 통밀가루,
꽃송이 버섯, 쑥, 생콩가루, 한살림 만두피

만드는 법
1. 생취나물, 세발나물 살짝 데쳐주고 송송 썬다.
2. 두부도 물을 적당히 짜주고 으깬다.
3. 만두소가 잘 뭉치도록 통밀가루 넣는다.
   통밀가루 대신 감자전분가루를 넣어도 된다.
4. 천일염으로 간을 하고 통깨를 적당히 갈아 넣고 섞는다.
5. 채소 꼬마 만두, 취향껏 만두를 빚는다.
6. 쑥은 생콩가루로 살살 버무려 준다.
7. 쌀뜨물을 한소끔 끓으면 된장을 푼다.
8. 만두가 익었으면 쑥을 넣고 꽃송이 버섯을 넣는다.

세발나물과
민들레나물 무침

재료	세발나물, 민들레나물, 저염된장 혹은 집된장

만드는 법　1. 세발나물을 다듬고 씻어 준비한다.
2. 준비한 세발나물에 저염된장을 넣어 무친다.
　* 집된장으로 무친다면 된장을 적게 사용한다.
3. 민들레나물을 다듬고 씻어 먹기 좋게 잘라 준비한다.
4. 준비한 민들레나물에 저염된장을 넣어 무친다.

* 세발나물은 전라남도 신안과 진도 등지 갯벌의 염분을 먹고 자라고, 갯벌에서도 자란다고 하여 갯나물이라고도 한다. 이른 봄에 캐서 나물로 많이 먹는데, 그 자체에 쓴맛이 없고, 약간의 짠맛이 있으므로 싱겁게 무쳐 먹는 것이 좋다.

* 민들레는 이른 봄에 어린 것을 뿌리째 캐어서 생으로 겉절이를 해 먹거나 데쳐서 물에 담가 나물 요리나 국거리로 사용한다. 뿌리는 말려서 차로 이용한다. 도톰한 잎을 골라 간장 장아찌를 만들어도 별미이고, 당근이나 비트 등과 섞어 녹즙을 만들어 먹기도 한다.

봄에 친숙한
원추리 나물 무침

재료 원추리 나물, 간수 뺀 천일염

만드는 법 1. 원추리를 먹기 좋게 손가락 한마디 크기로 썬다. 밑동의
두꺼운 부분은 반으로 가른다.
2. 다듬은 원추리를 소금 넣은 끓는 물에 데친다..
3. 원추리를 끓는 물에 넣고 몇 번 뒤집어 준 뒤, 꺼내 바로
찬물에 식힌다. 원추리의 식감을 살리기 위해 재빠르게
건져내어 찬물에 헹구는 것이 포인트이다.
4. 찬물에 헹군 원추리를 유리 그릇에 담고 물에 담근다.
두 시간 정도면 원추리의 독성분이 충분히 빠져나간다.
5. 물기를 짠 원추리에 약간의 천일염 간을 하여 무친다.
6. 취향껏 파, 마늘, 참기름, 들기름 등을 넣어도 된다.
* 모든 나물은 잠깐 데쳐 찬물에 빠르게 헹군다. 줄기가
굵은 나물은 줄기부터 넣어 데치다가 잎을 넣어준다.

몸을 따뜻하게
부추 순두부탕

재료   순두부, 부추, 간수 뺀 천일염

만드는 법   <아삭한 식감을 좋아하는 경우>

1. 열을 내주는 부추는 먹기 좋은 크기로 썰어 준비한다.
2. 순두부에 물을 적당히 넣어 한소끔 끓으면 천일염 간을 해주고 불을 끄고 부추를 넣어준다.

<푹익은 식감을 좋아하는경우>

1. 부추를 아래에 냄비 아래에 깐다.
2. 순두부에 물을 적당히 넣어 한소끔 끓으면 천일염 간을 해주고 불을 끄고 부추를 넣어준다.

피로회복의 신맛
풋마늘대 저염장아찌

재료 풋마늘대, 아삭이 고추, 집간장, 감식초(현미식초), 채수, 취향에 따라서 청양고추, 양파

만드는 법

1. 식재료 중에서 대파와 양파는 반드시 유기농으로 선택해서 대파뿌리와 양파 껍질을 잘 말려서 채수를 만들 때 이용한다.

2. 양파껍질과 대파 뿌리를 센 불에서 팔팔 끓기 시작한 뒤, 20분 정도 더 끓인다. 다시마가 있으면 넣어준다.

3. 양파껍질과 대파 뿌리는 건진다.

4. 채수에 취향껏 집간장을 넣어 짭잘하게 끓인다.

5. 풋마늘대와 아삭이 고추는 취향껏 썬다. 청양고추, 양파 등을 넣어도 된다. 그냥 풋마늘대만 사용해도 괜찮다.

6. 준비한 병에 풋마늘대와 아삭이 고추를 넣고 4번 간장물을 뜨거울 때 붓는다. 그리고 다 식으면 집간장을 한 번 더 넣어준다. 왜냐하면 끓일 때 미생물이 모두 죽는데, 다시 넣어주면 재발효 된다. 이때 감식초도 넣어준다.

[재료 이야기]

나라 안팎이 바야흐로 '살충제 달걀' 사태와 E형 '간염 소시지' 사태로 난리라도 난 듯 시끄럽다. 이와 같은 농업 및 먹거리 대란은 이미 오래전부터 예견되었던 사건이다. 인체와 환경생태계에 위해(危害)한 이윤 극대화의 생산(제조) 및 유통과정에서 농약의 과다 사용과 남용이 필연적으로 일어날 수밖에 없는 빙산의 일각에 불과한 현상이기 때문이다. 문제의 핵심은 화학제품 농약과 화학비료에 기반한 공장식 산업 농법에 기인한다.

현재 우리나라 유기농업은 전체 농업생산의 1%도 되지 않는다. 바야흐로 경제가 세계 10위권에 육박했는데도 이 세상에서 가장 먹거리가 위태로운 그리고 불안하고 쪼그라들기만 하는 식량농업 1등 수입 국가로 전락하였다. 제초제와 살충제에도 끄떡없는 박테리아로 유전자(DNA Gene)를 조작한 유전자조작 식품, 이른바 콩, 옥수수, 유채(카놀라), 감자, 알팔파 등 GMO(유전자조작식품) 수입이 세계 최고인 국가로 우뚝 섰다. 식용 사료용 합쳐 연간 무려 1100만 톤을 넘게 수입하고 그중 직접적인 식용이 무려 210만 톤이 넘는다.

그런데 그 GMO가 어떻게 먹거리 식품으로 우리 뱃속에 들어가는지는 아무도 모른다. 대한민국의 식약처가 알지 못하도록 이상한 법률로 막고 있기 때문이다. 이번의 살충제 달걀 파동 때 식약처의 하루 2.6개씩 평생 먹어도 괜찮다는 식약처의 발표는 무지의 결과인지, 또는 농약 기업 이윤을 보호해야 한다는 식약처의 의지가 부지불식간에 튀어나온 것인지 알다가도 모를 일이다.

정부 기관과 관료들이 이처럼 국민의 안전과 생명을 보호해야 할 의무와 책임을 가지고 탄생한 공공기관의 존재 이유가 대기업 자본주의에 무참히 짓밟힌 데에는 그동안 얼마나 정경유착의 적폐가 체질화 됐는지 여실히 증거해 준다.그리하여 대한민국은 문자 그대로 '농약 천국, GMO 천당'으로 진화한 것이다.

실제 우리나라 질병관리본부 통계를 들여다보면 지난 5년 사이 우리나라에 간, 콩팥 및 장 계통의 환자와 종양 및 유방암 환자, 자폐증, 파킨슨병, 치매 환자, 불임 난임의 신혼부부들이 왜 그렇게 빠른 시일에 많이 늘어나고 있는지 아무도 설명해 주지 않는다.

1996년 GMO 곡물들이 우리나라에 들어오기 시작한 이래 지금은 1인당 연간 64㎏(아스파탐과 성장촉진제 등 첨가물과 파생식품, 가공식품 등을 포함)을 미국(68㎏) 다음으로 최고로 소비하고 있다. 그리고 제초제(주성분은 WTO 지정 발암물질인 글리포세이트) 등 농약사용량이 세계 최고위권의 나라라는 사실 외에는 우리 국민의 유병률이 높은 이유를 마땅히 설명할 자료가 없다. 합리적 의심이 발동하는 소이(所以)이다.

질병과 건강은 먹거리의 위생 및 안전성과 정신상의 스트레스 여부 그리고 규칙적인 운동 여부에 크게 달려 있다고 한다. 평소의 면역력과 항산화 기능, 항암 능력, 자가 복원력 등은 위의 세 가지 조건에 의해 크게 영향받음은 물론이다. 그중에서도 으뜸은 올바른 먹거리, 즉 온전한 식품(whole food)이냐 여부다.

출처: '프레시안 김성훈의 칼럼' 발췌

<김성훈>
농업 및 환경문제 전문가로 김대중 정부에서 농림부 장관을 역임하였고 <프레시안> 고문을 맡고 있다. 대학과 시민단체, 관직을 두루 거치며 농업과 농촌 살리기에 앞장 서 온 원로 지식인이다. 유기농문화센터 이름을 지어준 분이다.

2.3 여름

" 럭셔리란 지구상의 모든 존재를 존중하는 것이다.
더 많이 유기농 채식 식단으로 전환하고,
그래서 더 많은 땅을 자연 서식지로 내버려 두고,
더 지속가능한 축산을 함께 만들어 갈 때이다.
럭셔리 라이프는 육류 소비를 줄이고,
음식물 쓰레기를 억제하며,
유기농 농산물 증대시키는 등의 탄소발자국을
최소화하는 의식적 소비 형태이다."
- 유기농문화센터 강성미 원장

2.3
비폭력 공존의 밥상

교육의 힘을 믿고 시작한 유기농문화센터는 가정에서부터 제대로 된 음식을 준비하도록 이론과 요리실습 그리고 생태 개선 운동을 펼치고 있는 교육기관이다.

[공존의 밥상]

대량생산을 위해 과도한 농약이나 살충제, 화학비료로 땅에 폭력을 가하지 않는 '비폭력 밥상' 운동을 펼치고 있다. 유기농만이 땅 본연의 힘을 살릴 수 있다. 소비자가 땅의 힘으로만 키운 곡물, 채소, 과일을 구매한다면 유기농 재배는 점점 늘어날 것이고, 그래야 사람과 땅이 함께 숨 쉬면서 살아갈 수 있다. 소비자가 유기농만을 고집하면 자연스레 생산자도 유기농에 관심을 가질 수 밖에 없게 된다.

친환경 중에서도 특히 유기농 통곡물밥을 먹어야 한다. 우리가 섭취하는 칼로리 중 탄수화물이 차지하는 비중이 매우 높은데, 통곡물은 포도당을 생산할 뿐만 아니라 노폐물, 독소를 배출하는 역할도 한다.

한국인이 365일 중에서 가장 많이 먹는 것이 밥이다. 다른 재료도 모두 친환경 국내산으로 해야 하지만, 특히 밥 만큼은 유기농을 선택해야 한다. 우리의 생태, 환경, 식문화, 건강을 모두 다 바꿀 수 있는 첫 시작은 유기농 통곡물이다.

곤드레 비빔밥과
곤드레 된장무침

재료   곤드레나물, 된장, 고추장, 검은깨, 들깨가루, 현미

만드는 법   1. 곤드레나물의 거친 부분은 다듬어주고, 줄기의 거친
껍질은 벗겨 준비한다.
2. 좀 크고 거친 것은 끓은 물에 살짝 삶아 밥 짓어 먹고,
작은 것들은 좀 더 삶아 나물로 무쳐 먹는다.
3. 삶은 나물은 찬물로 헹구고, 작은 곤드레나물은 물기
꼭 짜서 준비한다.
4. 곤드레나물을 잎의 결 따라 쭉쭉 찢는다.
5. 된장, 고추장, 검은깨, 들깨가루 넣고 조물조물 무친다.
이때 취향껏 파, 마늘 등 넣어도 된다.
6. 압력솥으로 곤드레 현미밥 지어, 무친 나물을 넣어
비빔밥을 해 먹으면 맛있다.

호두 청국장
머위대 나물

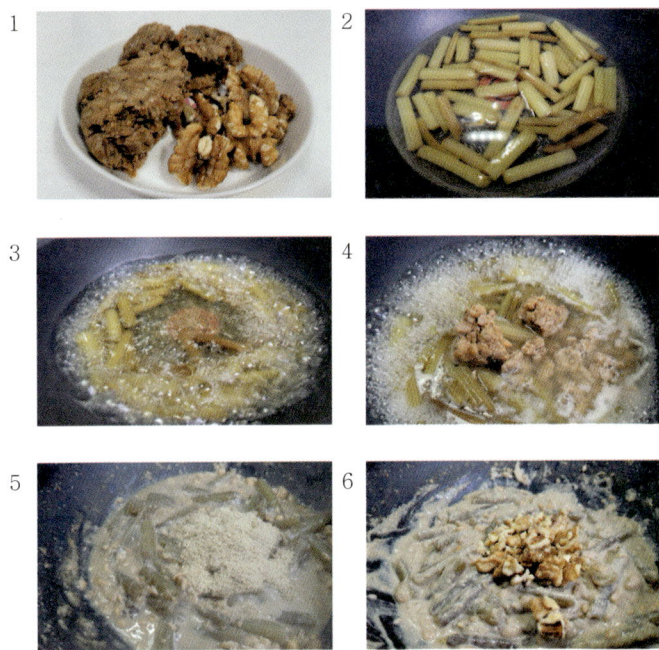

재료 호두 청국장, 들깨가루, 머위대, 간수 뺀 천일염
청국장, 호두, 들깨가루 준비한다. 들깨가루가 없어도
괜찮다.

만드는 법 1. 머위대는 살짝 삶아 거친 껍질을 벗기고 먹기 좋은
크기로 썰어준다.
2. 삶아 놓은 머위대에 물을 넣는다.
3. 머위대를 끓인다.
4. 청국장을 풀고 취향껏 적당히 끓인다.
5. 들깨가루 넣고 조금 저어 주고 바로 불을 끈다.
6. 불을 끈 뒤 호두를 칼 또는 손으로 적당히 깨서
넣는다.

깻잎 듬뿍
홍감자탕

재료   홍감자, 또는 감자, 깻잎 순, 된장, (파, 마늘, 고춧가루, 고추장은 취향껏)

만드는 법   1. 잘 손질해서 씻은 유기농 홍감자를 껍질째 요리한다.

          2. 깻잎 순이 없으면 깻잎으로 사용해도 된다.

          3. 물과 감자를 넣어 끓인다.

          4. 된장으로 간을 한다. 취향껏 고추장, 고춧가루를 넣어 얼큰하게 간을 해도 괜찮다.

          5. 감자가 다 익으면 깻잎 순을 넣는다. 이때 파, 마늘 등도 함께 넣는다.

          6. 한소끔 끓으면 불 끈다.

두뇌 건강에 좋은
호두 감자 미역국

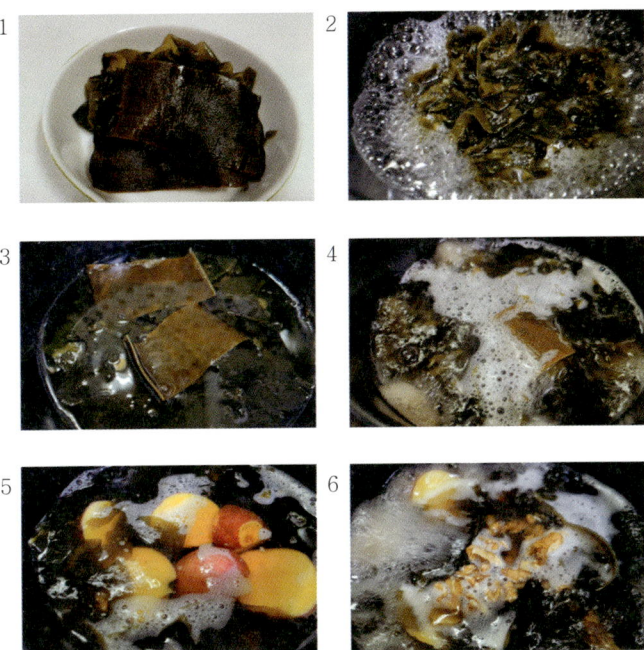

재료   홍감자 또는 감자, 미역, 호두, 다시마, 집간장, 간수 뺀
천일염

만드는 법   1. 미역은 불려 먹기 좋게 잘라 준비하고, 다시마도 준비
한다. 다시마는 없으면 빼도 된다.

2. 물로 미역을 훅 볶는다. 들기름이나 참기름으로 볶아도
된다.

3. 다시마와 물, 간장을 넣는다.

4. 후루룩 끓여준다.

5. 팔팔 끓을 때 감자를 넣는다. 감자는 찬물에 넣을 때
보다 끓는 물에 넣으면 덜 으깨진다. 이때 감자는 크게
썰어 사용한다.

6. 적당히 감자 익었으면 호두를 넣는다. 다른 견과류를
넣어도 된다. 부족한 간은 천일염으로 한다.

바로 먹는 돌나물
아카시아 물김치

재료 돌나물, 파프리카, 쪽파, 대파, 아카시아 꽃(도시에서는
구하기 힘들기 때문에 생략해도 된다)
양념 재료: 사과, 양파, 생강, 마늘, 간수 뺀 천일염,
현미밥 또는 찹쌀가루, 밀가루 풀, 생수

만드는 법 1. 재료를 씻고 손질하여 준비한다.

2. 손질한 양념 재료들을 믹서에 간다. 취향껏 고춧가루를
넣어도 된다.

3. 현미밥을 2번에 추가해 믹서로 간다. 더울 때는 밀가루
풀을 사용해도 된다.

4. 손질한 재료들을 유리그릇에 담아 준다.

5. 채수에 생수를 넣어서 짭짤하게 간을 맞춘 뒤, 채소를
담은 용기에 넣는다.

6. 대략 3시간 이후부터 먹는다. 돌나물과 아카시아꽃으로
금방 물러지니까 빨리 먹도록 한다.

* 아카시아를 구하기 힘드니 대신 돌나물 물김치로 담근
다. 제철에 따라 미나리, 쌈배추, 연근, 비트, 콜라비 등을 넣
어도 좋다. 특히 비트 나박 김치는 일품 물김치이다.

저탄소 레시피
수박껍질 청국장

재료   수박 껍질, 머위대, 얼갈이배추, 호박잎(없어도 됨), 꽈리
고추, 대파, 청국장, 된장, 고춧가루, 마늘

만드는 법
1. 수박 껍질과 머위대는 먹기 좋게 썰고, 얼갈이 배추의 순한 잎채소는 결을 살려 손으로 자른다.

2. 먹기 좋은 크기로 꽈리고추를 썰고, 대파는 어긋 썬다.

3. 호박잎은 쪄서 그냥 먹어도 맛있지만, 한 번에 다 먹기 어려우니까, 조금 남는 게 있으면 찌개에 넣는다.

4. 적당히 물과 함께 손질한 수박 껍질과 머위대를 넣는다.

5. 수박 껍질과 머위대가 한소끔 끓으면 청국장 넣는다.

6. 집된장으로 간을 한다. 청국장과 된장은 물에 풀어 사용하면 맛이 깊어진다.

7. 한소끔 끓으면 얼갈이배추, 꽈리고추, 대파, 마늘 넣는다.

8. 고추가루를 살짝 넣어 한소끔 끓인다.

채소 듬뿍 수박껍질
저염 간장조림

재료   수박 껍질, 제철 뿌리채소, 완두콩, 파프리카, 브로콜리,
송이버섯, 집간장

만드는 법   1. 채소를 잘 씻어 먹기 좋게 썰어 준비한다.

2. 완두콩에 물을 붓고 익힌다.

3. 완두콩이 적당히 익었다 싶으면 콩을 하나 먹어 본다.

4. 완두콩이 다 익었으면 준비한 채소와 물을 넣고 저어
준다. 이때 집간장으로 간을 한다. 모두 푹 익히지 말고
아삭한 식감이 남도록 익힌다.

5. 두고 먹는 간장조림은 짜게 만들지만, 익힌 샐러드처럼
저염으로 만들어 듬뿍 먹는 것도 좋다.

6. 완성하면 그릇에 소복이 담아 먹는다.

2.4 가을

1% 비거닝, 지구를 위한 따뜻한 실천
다이어트와디톡스를 위한 곤약 얼갈이 김치 온국수
비트 가지 호박 청국장 볶음
가을에 꼭 먹어야 하는 총각무김치
지구와 나를 위한 청국장 채식 카레
쫄깃하고 아삭한 콩나물 된장 스파게티
고소하고 달콤한 된장 국물 떡볶이

" 1% 비거닝, 지구를 위한 따뜻한 실천

이제 우리는 개개인의 행동 변화,

아주 사소한 것으로부터의 변화,

밥상에서 1% 비거닝을 시작하는 나와 당신은

지구에 공존하는 생명체들에게 새로운 차원의

자유와 창조력을 불어 넣을 수 있습니다.

이 모든 일의 출발점은

나와 당신이 실천할 때마다

이루어지고 있습니다."

– 유기농문화센터 강성미 원장

2.4
1% 비거닝, 지구를 위한 따뜻한 실천

포에르 바흐는 "당신이 먹은 음식이 바로 당신(You are what you eat)"라고 말했다. 즉, 음식은 몸과 마음 그리고 정신 영역에도 영향을 끼친다는 것이다. 우리가 먹은 음식은 자신에게 그치지 않고 3대에 걸쳐 영향을 끼친다는 연구결과도 있다.

'음식으로 고치지 못하는 병은 약으로도 고치지 못한다'라 의학의 아버지 히포크라테스가 말했다. 음식이 이처럼 중요하다면 우리는 당연히 우리가 먹는 음식의 생산과정을 알고 선택해서 먹어야 한다.

우리는 먹고 있는 음식이 어떤 과정을 통해 식탁 위에 놓여졌는지 생각할 틈도 없이 살고 있다. 특히, 우리들은 공장식 축산물의 경우 동물들이 어떤 생산과정을 거쳐서 생산되는지 잘 알지 못한다. 나와 당신은 동물성 가공식품에 사용된 소, 돼지, 닭이라는 식재료인 살아 있는 생명체들이 어떻게 태어나고 어떤 환경에서 살다가 도살되었는지 모르는 체 먹는 음식으로만 생각을 해왔다.

이제 우리는 개개인의 행동 변화, 아주 사소한 것들로부터의 변화, 밥상에서 1% 비거닝, 모든 생명체가 자기 생의 목적을 이루기 위한 존재임을 알고, 매 순간, 도살이 예정된 동물과 오로지 죽을 때까지 착취당하기 위해 태어나는 생명이 줄면서 세상이 조금씩 변화할 거라는 믿음으로 센터를 운영하고 글을 쓰고, 강의를 하고, 요리를 합니다.

다이어트와 디톡스를 위한
곤약 얼갈이 김치 온국수

재료   곤약국수, 얼갈이 김치, 오이, 당근

만드는 법   1. 그릇에 데친 곤약 국수를 담는다. 곤약은 살짝 데쳐서
         사용하면 특유의 향이 없어진다.
         2. 얼갈이 총각김치, 채를 썰어둔 오이, 당근을 올린다.
         3. 물김치 국물을 살짝 데워서 2번에 붓는다.
         4. 물김치 국물을 붓지 않고 그냥 비빔국수로 먹어도
         맛있다.

비트 가지 호박
청국장 볶음

재료   비트, 가지, 호박, 청국장, 간수 뺀 천일염, 통깨

만드는 법   1. 가지와 호박은 먹기 좋게 썰고, 비트는 채친다. 내장고
　　　　　　속에 있는 자투리 채소를 다 사용해도 좋다.
　　　　　2. 채소들이 적당히 익었을 때 청국장을 저온에서 볶는다.
　　　　　　간은 천일염으로 한다.
　　　　　3. 참기름 대신 통깨를 사용한다.
　　　　　4. 2번 위에 통깨를 뿌린다.

　　　　　* 된장이나 청국장물을 물에 풀어 사용한다.

가을에 꼭 먹어야 하는
총각무김

재료   총각무, 알타리무, 또는 배추, 대파, 쪽파, 고춧가루,
양념 재료: 마늘, 생강, 양파, 사과 또는 배, 찬밥, 홍고추,
다시마 우린 물

만드는 법   1. 무 끝 부분과 노란잎이나 잔뿌리를 정리한다.
2. 씻은 총각무에 간수 뺀 천일염으로 절인다. 줄기와
   잎에도 살살 뿌려준다.
3. 다시마는 전날 우려놓는다.
4. 양념 재료들을 다시마 우린 물로 믹서에 간다.
5. 찬밥도 잘 갈아서 넣는다.
6. 고춧가루도 다시마 물에 잘 풀어준다.

<뒷장 계속>.

7. 절인 총각무는 취향껏 썰어준다.

8. 모든 양념과 쪽파 대파 넣는다.

9. 잘 섞어 버무린다.

10. 유리병에 넣는다. 빨리 익혀서 먹으려면 상온에 하루
두고 냉장고에 넣는다.

"서양의 발효식품은 대부분 식초에 절이지만 우리나라 발효식품은 소금으로 만듭니다. 된장, 간장은 메주에 소금만 넣어 만드는 대표적인 식품입니다. 그런데 김치는 소금에 발효시키고, 특별하게 각종 양념을 넣어 또 한번 발효를 시키는 정말 훌륭한 식품입니다. 우리는 이 위대한 유산을 후대에 잘 전승해야 합니다.

한국은 김치 종주국이다!

땅과 환경 그리고 나의 건강을 위해 유기농 비건 김치를 만들어 먹어요. 중국산 김치에 방부제 사용으로 논란이 끊이지 않고 있습니다. 그런데도 불구하고 해마다 수입은 역대 최고라고 합니다."

지구와 나를 위한
청국장 채식 카레

재료   한살림 채식카레, 청국장, 꼬마 새송이버섯, 브로콜리,
양배추, 당근, 돼지감자, 간수 뺀 천일염

만드는 법 1. 잘 손질해서 씻은 재료들을 먹기 좋게 썬다.

2. 당근, 돼지감자, 물을 넣어 끓인다. 계절에 따라 고구마,
연근, 우엉, 단호박 등 추가해도 좋다, 그런데 딱딱한
식재로는 먼저 익혀준다.

3. 채식카레를 물에 갠다.

4. 야채가 적당히 익으면 양배추, 브로콜리, 새송이버섯을
넣는다.

5. 물에 갠 채식카레를 넣는다.

6. 마지막에 불을 끄고 브로콜리를 넣어 저어 준다.
브로콜리는 불을 끄고 살짝 익혀야 설포라판의 영양
손질이 적고 아삭한 맛으로 별미가 된다.

쫄깃하고 아삭한
콩나물 된장 스파게티

재료   스파게티, 콩나물, 된장, 들깨가루, 마늘

만드는 법   1. 물없이 콩나물을 익은 뒤, 냉동실에 넣어 준다. 냉동실에서 급랭하면 아삭아삭해진다.

    2. 끓는물에 스파게티는 잘 익혀준다.

    3. 프라이팬 웍에 물을 적당히 붓고 된장을 잘 푼다. 그리고 보글보글 끓으면 마늘을 다져 넣는다.

    4. 바로 들깨가루를 넣어 취향껏 농도를 조절한다.

    5. 된장들깨 소스에 준비한 스파게티를 살짝 섞는다.

    6. 접시에 스파게티를 담고 급랭한 콩나물을 올린다. 맛있게 잘 버무려 먹으면 된다.

고소하고 달콤한
된장 국물 떡볶이

재료 된장, 고구마, 양파, 대파 또는 쪽파, 마늘, 당면, 현미떡볶이떡, 만두, 양배추, 호두, 들깨가루

푸른 잎채소는 깻잎, 상추, 치커리, 케일 (푸른 잎 채소는 없으면 빼도 된다, 있으면 활용), 단호박(집에 있는 자투리 뿌리채소 등 활용), 또는 현미떡국떡

만드는 법 1. 적당한 물을 넣어 된장 풀어 고구마와 만두를 익힌다. 만두는 적당히 익었을 때 건져둔다.

2. 당면은 미리 불려 놓는다. 푸른잎 채소 깻잎, 상추, 치커리, 케일 등은 적당히 썰어 준비해 둔다.

3. 들깨가루를 넣는다. 집에 놀고 있는 미숫가루나 콩가루, 들깨가루 등을 한 가지만 넣는다.

4. 고구마가 다 익었으면 준비한 현미떡국떡을 넣는다.

4. 현미떡국떡을 보글보글 끓여 전체적으로 양념을 잘 섞어준다. 현미떡국떡은 살짝만 익혀야 맛있다. 당면은 불렸기 때문에 금방 익는다. 그래서 2번의 불려 놓은 당면을 넣어주고 불을 바로 끈다.

5. 호두를 적당히 으깨서 넣는다.

6. 익혀서 건져둔 만두를 넣어 완성한다.

*된장, 발효음식은 소화를 돕고 몸을 따뜻하게 해준다.

2.5 겨울

바다를 살리는 바다숲
부추 김치 깻잎 만두와 양배추쌈
채식만두에 얼울리는 오색찬란 채식김밥
겨울철 별미 감귤 무생채
단호박 고구마와 팥범벅
매생이 순두부 현미 떡국

"바다식목일 5월 10일은 해조류를 심는 날로서,
바닷속 생태계의 중요성과 황폐화의 심각성을
국민에게 알리고 범국민적 관심 속에서
바다숲을 조성하자는 의미 있는 국가기념일입니다."

2.5
바다를 살리는 바다숲

'4월 5일 식목일'은 누구나 다 알고 있는 나무를 심는 날이다. 그러나 '5월 10일 바다 식목일'은 알고 있는 사람이 거의 없다.

[바다식목일의 의미]

해조류가 병들어 죽고 바다 밑에 살아가는 생물이 감소하여 바다가 사막처럼 변하는 현상을 '바다 사막화'라고 한다. 바다 사막화가 되는 것을 막으려면 '바다숲'을 조성해야 한다.

바다숲이란 다시마와 감태, 모자반 등의 해조류가 모여 육상의 숲처럼 무성하게 자라난 해역을 말한다. 바다숲은 해양생물에게 기초적인 먹이를 제공하고, 산란장 및 보육장 역할을 할 수 있다. 또한 광합성으로 산소를 만들어내고, 질소나 인 등의 오염물질을 정화하여 해양생태계의 기본 환경을 조성한다.

이 외에도 이산화탄소를 흡수하여 온실가스를 줄이는 역할도 한다. 최근 연구결과에 의하면 실제로 바다로 녹아드는 온실가스의 10%를 해조류가 무성한 바다숲이 해결해 준다고 한다.

이러한 바다숲의 효능 때문에 정부는 2000년대에 접어들면서부터 바다숲 조성 사업을 본격적으로 시작했다. 해양수산부 관계자는 "바다숲 사업을 진행하면서 식목일처럼 전 국민이 참여하여 함께할 수 있는 캠페인이 필요하다는 것을 절감했다"라고 말하며 "그 결과로 바다 식목일이 탄생하게 되었다"라고 밝혔다.

부추 김치 깻잎
만두와 양배추쌈

재료   두부, 연근, 버섯, 당면(만두소 기본 재료), 부추, 김치,
깻잎, 통밀가루, 삶은 양배추

김치만두, 채소만두 두 종류로 만들어도 좋다. 채소만두에
는 김치대신 표고버섯을 넣으면 씹히는 맛이 있어 엄지척
이다.

만드는 법   1. 만두소 기본 재료에 손질하여 다진 부추, 김치, 깻잎을
넣어 3종류의 만두소를 만든다.
2. 반죽해놨던 것을 꺼내 적당한 크기로 만두피를 만든다.
3. 삶은 양배추잎으로 만두소를 싸서 양배추쌈을 만든다.
4. 만두피로 만두를 빚는다.
5. 양배추쌈을 찜기에 쪄서 완성한다.
6. 만두를 찜기에 쪄서 완성한다.

채식만두에 어울리는
오색찬란 채식김밥

재료   된장으로 지은 밥, 상추, 당근, 오이, 저염된장, 김밥용 김
             (적채, 아삭이 고추 등 냉장고에 있는 짜투리 채소 활용)

만드는 법   1. 된장으로 간을 해서 밥을 지어 준비해 둔다.
             2. 속재료로는 상추, 채를 썬 당근과 오이, 저염된장을
                준비한다.
             3. 김밥을 싼다. 김 대신 살짝 찐 양배추잎, 배춧잎도 활용
                하면 별미이다.
             4. 채식만두가 있으면 함께 담는다. 없으면 김밥만 먹어도
                맛있다.

겨울철 별미
감귤 무생채

재료   감귤, 겨울 무

만드는 법   1. 무는 채를 쳐서 준비하고, 감귤은 까서 준비한다.

2. 감귤을 으깨서 무생채를 무친다. 믹서에 갈면 더 예쁘다.

3. 마지막에 껍질도 현미밥에 꼭꼭 씹어 천천히 먹으면 감기 걱정없다.

   * 감귤 껍질로 쌈을 먹으려면 유기농 감귤을 구입한다. 하루 숙성해서 먹으면 더 맛난다.

   * 감귤 대신 제주 레드 키위, 골드키위, 그린 키위, 참다래를 한 종류씩 으깨서 무생채를 하면 엄지척이다.

단호박 고구마
팥범벅

재료 팥, 고구마, 단호박, 간수 뺀 천일염
고물로 호두나 잣도 활용하면 좋다.

만드는 법 1. 고구마, 단호박을 먹기 큼지막하게 썰어 물에 끓인다.
2. 팥은 압력솥에 찐다. 압력솥에는 물을 넉넉히 넣고,
   센불에서 삶는다. "칙칙칙" 소리가 나면 3분을 센불에서
   익히고 불을 끄고 자연적으로 김을 빼준다.
   * 압력솥이 없으면, 팥은 물에 불려 삶는다.
3. 고구마와 단호박이 익으면, 익힌 팥을 넣고 취향껏
   끓인다. 푹 익힌걸 좋아하면 물을 더 넣고 끓이면 된다.
4. 마지막으로 천일염으로 간을 한다.
   * 그냥 먹어도 엄지척이다.

매생이 순두부
현미 떡국

재료   현미 떡국, 매생이, 순두부, 간수 뺀 천일염

만드는 법   1. 현미 떡국을 준비한다.

2. 매생이는 흐르는 물에 흔들어서 살살 씻어 주면서
   이물질이 보이면 제거하고 맑은 물이 나오면 물기를
   빼어 준비한다.

3. 순두부를 준비한다.

4. 물이 끓으면 매생이부터 넣는다. 매생이의 바다 향을
   진하게 느낄 수 있도록 맹물에 끓인다. 취향껏 채수를
   내서 끓여도 된다.

5. 매생이가 푸른 녹색이 되도록 한소끔 끓으면 순두부를
   넣는다. 다시 한 소끔 끓으면 현미 떡국떡을 넣어주고
   천일염으로 간을 맞춘다. 잘 저어서 한소끔 끓인다.

6. 완성되면 그릇에 담아 먹는다.

2.7 면역증진을 응원하는 건강지킴이

[자연재배 이혜련 농부]
경북 봉화군 봉성면 봉명로 566 (빵굽는 고양이 베이커리)
귀농한 두 부부가 무비료, 무거름, 무제초제, 무농약, 무경운으로 직접 키운 우리밀을 직접 제분해서 통밀가루, 통밀쌀을 팔고요. 제분한 통밀로 통밀깜빠뉴, 통밀감자빵, 통밀얼룩콩빵, 통밀호두베리빵 등 씹을수록 달고 건강해지는 빵을 굽고있어요. (모두 비건, 통밀빵 정기 구독 박스 가능)
https://m.blog.naver.com/eco_farm
010 6254 4846

[참빛 자연 농장 전경진 농부]
충북 보은군 마로면 백노동길 205
유기농 오이, 가지, 생강, 고구마, 옥수수, 고춧가루 등 벌레가 먹고 남은거 팔아요. 자연재배로 키우다보니 자족농사랍니다.
https://www.facebook.com/profile.php?id=100004824780697
010 2474 0528

[토종 들빛 농원 이상훈 농부]
강원도 철원군 갈마읍 명송로 112번길 58-16
철원에서 십 년 넘께 토종씨앗으로 자연재배 농사를 짓는 이상훈 농부님이 밭 관리와 토종씨앗의 중요함을 강의도 해주세요. 토종씨앗 나눔도 해요.
토종들깨, 토종양파, 한지형 토종마늘, 토종참깨 있어요.
010 5607 0377

[준삼이네 작은 농장 박인성 농부]
충북 보은군 보은읍 산성리 149-9
건강한 토양에 기반한 고추자연 생육을 지켜주는 것을 기본으로 합니다. NO착색제, NO조기수확, 수확 후 잔재물은 파쇄하여 토양에 환원하는 순환농법입니다. 유기농 건고추, 고춧가루
https://m.blog.naver.com/ggoma1004-
010 4410 5879

[괴산 여송농장 이상권 농부]
충북 괴산군 청천면 괴산로신월5길 26
자연환경이 어느 때보다 중요하게 인식되고 있는 지금 유기농은 당연히 실천해야할 농부의 의무입니다. 자연환경과 더불어 조화롭게 살고자 지금도 탐구하고 있습니다. 벼, 밀, 보리등이 주요 작물이고요. 고추, 옥수수도 조금씩하고 있습니다. 흑미보리칩과 통밀가루 있어요.
010 2817 7199

[투박이 농장 박종구 농부]
전북 남원시 보절면 사촌길 78-39
논에 투구새우가 놀고 있는 유기농 현미쌀, 찰현미쌀, 유기농 흑미, 유기농 녹미, 유기농 귀리농사 지어요.
010 7161 4605

[맑은빛 이야기 농장 김종화 농부]

전남 보성군 벌교읍 박강길192

보성에서 아이들과 땅을 보살피고 살리며 건실한 먹을 거리를 키우며 살아요.
무멀칭, 무비료, 무농약, 무제초제, 소량 다품종을 가족끼리 농사를 지어요.
특히 유황(황짱)품은 영덕씨 옥수수 맛있는 것은 짐승들이 먼저 알아보는
듯, 온갖 새들이 옥수수를 습격하고, 멧돼지도 살짝 맛본 동물들이 인정하는
옥수수입니다. 고사리, 취나물, 양파, 감자, 옥수수, 매실, 밤, 고구마, 쌀(녹
미, 적미, 흑미), 절임배추, 무, 대파, 쪽파, 된장, 간장, 무차, 작두콩차, 돼지감
자차 https://www.facebook.com/profile.php?id=100004293390012
010 5292 9140

[고요한 뜰 봄꽃 조춘화 농부]

제주시 한경면 고산리 2397

농업은 자연을 따르는 행위이기에 자연을 따르고 자연 부산물 그대로 순환하
여 자연순환유기농업('자연농')을 실천하고 있습니다. 제주의 햇살과 바람,
다양한 생명체들이 농작물을 키워냄에 땅을 살리는 농사꾼으로 자연과 사람
이 함께 조화를 이루는 농사를 짓고자 합니다.
호밀멀칭으로(풀성장 방해, 유기물 활성화 촉진) 서리태를 심고, 사마귀와
메뚜기, 여러곤충등 천적이 형성된 자연스런 환경에서 서리태가 생산됩니다.
서리태콩, 호밀가루 있어요.
https://m.blog.naver.com/youchamna
010 2057 9946

[대관령청정 농원 전순탁 농부]

사람과 동식물이 가장 살기 좋다는 해발고도 700m 강원도 평창에 위치해 있
는 대관령청정농원은 16년째 농장주와 딸, 손자가 3대에 걸쳐 밀싹, 보리싹,
비트를 화학비료 없이 유기농상토로 재배하고 있습니다. 건강하게 잘 키운
밀싹은 현대인의 식생활에서 결핍된 영양소를 채워줄 뿐만 아니라, 건강 치
유에도 많은 도움이 됩니다. 친환경 밀순, 보리순, 비트 있어요.
http://www.milsoon.com/
010 8338 6489

[평화노래농장 손정희 농부]

충남 홍성군 홍동면 홍동길 262-1

시인 농부는 시을 쓰고 곡을 부쳐 고구마에게 노래를 불러주고, 목초액, 활성
소금, 고구마발효 효소를 먹고 자란 무농약 공생농법 고구마입니다.
평화노래농장의 평화가 깃든 고구마가 인사를 드립니다. 평화를 빕니다. 평화
를 빕니다. 제가 농사를 지으며, 농사를 지으면서 만난 감동과 에너지를 담아
생산물에 고유한 이름을 붙입니다. 평화가 깃든 고구마가 저희 고구마 이름
입니다. 평화의 노래를 들려준 고구마, 평화의 노래를 먹고 자란 고구마를 나
누게 돼서 행복합니다. 밤고구마처럼 포슬포슬 고구마 있어요.
https://www.facebook.com/profile.php?id=100019963744285
010 9880 1349

[엔젤 농장 안승환농부]

육식을 하지 않아도, 건강한 생활이 가능한 방법과 건강한 재료를 제공합니다. 저희 가족이1970년대 중반부터 채식을 시작했고 1980년 대 초부터 친환경 농업을 시작해 1995년 7월 10일 국립농산물품질관리원으로부터 유기농 인증을 받아 1995년 쌈채소 상품화 1997년 식용꽃 상품화 2001년 유기농 허브상품화 2005년 이후 아열대 채소와 과일을 최저온에 적응 할 수 있도록 순화 시켜 현재 구아바, 깔라만시, 레몬, 라임등 아열대 작물 들을 영하 5도까지 적응 할수 있도록 순화재배하고 있습니다. 해충기피식물, 유인식물, 농약대용으로 사용 가능한 식물 등 다양한 기능성 식물들이 어울려 살고 있습니다. 라임잎, 로즈마리, 병풀, 월계수, 케모마일, 애플민트, 먹는꽃, 깔라만시(생과) 있어요.
http://www.angelfarm.co.kr/shop/
041-841-5272, 010 8030 4036

[수정이의 좋은식탁 하수정 농부]

제주시 한림읍 장원길87
제주에서 노지 자연재배로 농사지어 발효한 수제 식품으로 만든 메뉴(비건음식)가 있어요. 제주에 오시면 들려주세요. 여름에는 다양한 쌈채소, 겨울에는 허브꽃과 형형색색의 무, 농사지어 365일 가능한 발효한 음식, 과일조청, 커피조청, 쌀누룩, 쌀누룩 소금, 쌀누룩 식혜, 장아찌 등 꾸러미 신청으로 만나요.
인스타 @hasujung6068
010 3513 6068

[꿈엔들 잊힐리야 영농조합법인]

전북 남원시 덕과면 덕오로 265
기업의 이상과 지역과 지역의 꿈을 함께 이루고자하는 기업, 유기가공식품 생산자로서 소비자에게 언제나 안전한 먹을거리를 공급하며, 지역 경제발전을 위해 지역 농산물을 사용합니다.
Non-GMO효소를 사용하여 안전한 유기이소말토쌀 올리고당, 유기쌀과 유기농 엿기름, 효소로 만든 조청, 식혜, 미숫가루, 귀리미숫가루, 오트밀, 보리차, 엿기름 있어여.
063 626 9301

[㈜씨알푸드]

충북 제천시 바이오밸리1로85
유기농 국내산 통곡물 시리얼(유기농 발아현미, 발아보리, 발아통밀, 발아귀리, 발아수수)
www.crfood.co.kr
02-545-3648

[그린파워 생즙기]

경기도 수원시 장안구 상률로46번길 3,107호(율전동, 유영타운)
쇳가루, 플라스틱가루, 환경호르몬 발생없는 생즙기
www.greenpower.co.kr
010 5604 2281

[열명의 농부 : 친환경 채식뷔페 식당]

충북 충주시 신니면 장고개2길 62-46
상추 CEO 류근모 대표와 열명의 농부가 연중 생산되는 유기농 쌈채소를 활용한 풀밥상 뷔페입니다. 푸른 별 지구에서 나는 고사리, 두릅순, 취나물을 외면할 수가 없습니다. 다람쥐와 나누어 먹고도 도토리묵을 쑤고 칡즙을 마실 수 있습니다. 푸른 마음 지닌 대한국민이라서 가능합니다. 이런 나라에서 누군가는 푸른 꿈을 펼쳐야하지 않을까요? 야생의 밥상을 옮겨 한 자리에서 50여 가지가 넘는 자연(풀)을 먹는 식당 하나는 있어야 된다고 생각합니다. 열명의 농부가 함께 푸른 꿈을 가꾸는 자연만찬, 여러분을 초대합니다.
0507-1431-6262

[청평활명요양병원 : 채식 식단가능 병원]

경기도 가평군 청평면 북한강로 1604번길 64-28
청평활명요양병원은 통합치유를 지향하는 암전문 요양병원으로, 체계적인 심신의학과 더불어 복합천연물 치료의 일환인 음식치유를 중요하게 생각하는 병원입니다. 모든 식재료는 한의학적인 고유한 수치법을 통하여 소화흡수력을 높이는 조리를 하여 제공하며, 채식, 무염식과 저염식도 선택가능합니다.
http://hwalmyeong.co.kr/main.php
031-584-0545

[새맘요양병원 : 채식 식단가능 병원]

경기도 남양주시 오남읍 진건오남로 884번길 22-10
포천새맘요양병원은 자체 HOPE 프로그램을개발하여 맞춤별 면역 프로젝트를 시행하고 있고 암 환우분을 위한 항암식단을 제공하고 있는 암 요양병원입니다. 개개인의 생체학적인 고려를 통한 면역력 향상, 소화력 향상, 해독효과를 위한 발아현미효소를 기본으로 오곡효소(직접개발)를 이용한 식사제공하여 빠른 암치유를 통한 환우분들의 일상생활복귀를 지향하고자 합니다.
http://www.saemamsilver.co.kr/
031-575-7340

[청담 쥬넥스의원]

서울시 강남구 도산대로 435 삼이빌딩3층 4층
줄기세포 활용한 면역 증진, 안티에이징, 항노화 치료 특화된 의료기관
맞춤형 웰에이징, 당신의 젊음 그 다음까지 청담 쥬넥스 의원은 생각합니다.
02 549 0025

[청담셀의원]

서울시 강남구 도산대로 318 SB타워 15층
줄기세포를 활용한 면역 증진, 전신 항노화 치료 특화된 의료기관
시간이 지나도 유지하고 싶은 젊음, 청담셀의원이 약속합니다.
02 514 2225

[사단법인 세로토닌문화]

홈페이지 www.serotonin.or.kr
인스타그램 https://www.instagram.com/serotonin_sihyeong/
유튜브 https://www.youtube.com/channel/UCdNiV2a7tMlXaOlSDgyQNvg

[비건비거닝 베이커리 카페]

서울 강남구 선릉로85길 6 비건비거닝 1층
(선릉역 3번출구, 진선여고앞), 02 740 5060
http://www.aerak.com/
카페 운영시간: 월화수목금토(8:00 ~ 18:00), 일요일 휴무
문화센터 운영시간 : 월화수목금토(18:00 ~ 21:00까지),
일요일 (8:00 ~ 18:00)

비건비거닝, '나'의 건강을 생각하다 '너', 그리고 '우리'와 우리의 '지구'를 위한 모두의 건강을 담아 비건 베이커리를 시작했으나 추구하는 신념은 K-Green Organic Vegan Lifestyle 비건비거닝입니다.'조금씩 비건에 가까워 지는 행동'을 슬로건으로 자연스럽게 비건에 가까워질 수 있는 공간을 제공 하는 곳입니다.

지속가능한 지구를 위해 유기농 비건라이프 교육을 하고 있는 비영리 교육기관 유기농문화센터는 교육과 건강한 음식, 자원순환 제품등을 제공하므로써 일상생활 속에서 윤리적 소비를 실천할 수 있겠다는 생각이 들었습니다. 그런 관점에서 문화공간, K-그린 유기농 비건 라이프 문화센터를 만들게 되었습니다.

[K-그린 유기농 비건 라이프 문화센터]

전 세계적으로 기상이변과 자연재해뿐만 아니라 사스, 코로나19 등 각종 전염병이 발생하고 있습니다. 유엔과 각국 정상들이 모여 해결책을 논의하여 탄소 배출 축소와 친환경 에너지로 전환, 저탄소 밥상과 대체육을 제안했으며, 과학자들은 육식을 줄이고 채식 식단을 발표하여 각국의 국민들이 실천하기를 희망하고 있습니다.

그런 시점에서 K-그린 유기농 비건 라이프 문화센터는 의미가 깊은 실천 교육 공간입니다. 특히, 비건셰프들과 함께 메탄가스와 아산화질소를 줄이는 유기농 비건 쿠킹 클래스가 진행되고 있습니다.

기존의 사단법인 유기농문화센터가 1.0 버전이고 코로나 펜더믹에서 온오프라인의 플랫폼이 2.0 버전이였다면 K-그린 유기농비건복합문화센터는 3.0 버전으로 대한민국의 국민들에게 유기농 비건학과 활동가을 양성하여 1% 비거닝이 일상에서 생활화가 될 수 있는 비건비거닝빌(비건세상 만들기)을 상상이 아닌 현실을 만들어 나아가고 있습니다. 인류는 생명체들을 존중하는 생태학에 기반을 둔 새로운 경제 틀을 만드는 것을 목표로 해야합니다. "우리의 경제, 생계, 복지는 모두 우리의 가장 소중한 자산인 자연에 달려 있습니다. 우리는 자연과 분리되지 않고 자연의 일부입니다." 기존의 경제틀은 오래 지속될 수 없습니다. 새로운 경제틀 을 만들기 위해 교육은 너무나 중요합니다. 특히, 국영수보다 중요 한 먹을거리 교육인 유기농 비건 쿠킹클래스는 초등학교 정규과정으로 만들어져야합니다.

어린이 청소년 학교급식-채식을 부탁해모여라, 채식인으로 살아가는 사회초년생분들의 모임 클럽하우스도 운영하고 있습니다.

사단법인 유기농문화센터 010 6738 9005
홈페이지 http://www.occenter.or.kr/
네이버블로그 https://blog.naver.com/haneulyeon13
인스타그램 https://www.instagram.com/kangsungmi.occ/
교육안내 https://event-us.kr/occ/event

[유기농 비건라이프 안내자 과정]

문화센터는 강남구와 함께 강남구 우리동네 학습공간 문화사업도 진행중입니다. 기후 위기와 전염병 비상사태로 전 세계가 지속 가능한 삶을 위해 정의로운 전환을 모색하고 있습니다. 자연식물식은 기후 위기와 전염병 비상사태를 극복할 대안일 뿐 아니라, 평등하고   평화로운 세상을 위한 대안이기도 합니다. 채식의 가치를 알리고, 자연식물식 요리를 일반인들에게 안내할 수 있는   자연식물식 유기농 비건라이프 안내자들을 양성하여 유기농 채식문화 확산에 기여하고합니다. 동네주민과 함께 유휴 공간 활용하며 윤리적 소비와 비폭력 공존의 밥상 활동도 하고 있습니다.

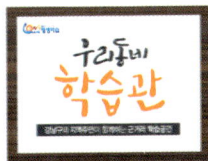

[2022괴산세계유기농산업엑스포 홍보관]

2022괴산세계유기농산업엑스포
기간 : 2022년 9월 30일부터 10월 16일
장소 : 충청북도 괴산군 유기농엑스포 광장
(043)219-6625
https://2022goesan-organic.co.kr/

2022괴산세계유기농산업엑스포 홍보관에서는 6월부터 9월 개최전까지 유기농아카데미 앤 유기농 비건쿠킹클래스가 진행합니다. 홍보관에서는 2022괴산세계유기농산업엑스포의 개최 홍보 및 '지구와 사람'을 생각하는 유기농의 가치 전달과 공익적 책임과 가치에 대한 올바른 정보전달을 알립니다.

또한 다양한 강연, 이론 및 실습 교육과 캠페인을 통해 유기농 역할과 실천방안제시를 합니다. 이를 통해 쉽게 접근하고 실천할 수 있는 유기농 라이프 스타일과 매일 유기농 채식 한끼는 <유기농이 여는 건강한 세상>이라는 소비문화 전파하는 역할을 합니다.

교육은 생애주기별 영양소를 충족하고 만성식생활습관병 개선, 몸과 마음의 해독을 위한 <친환경*친(親)채식>과 <지식(知食) 한 식> 식단 요리실습 교육이 진행중입니다. 전국민 대상 월 1-2회 식단코칭 및 랜선 스터디 진행, 개최일 디데이 주기별 디톡스 플랜, 미션 이벤트 등 건강한 친환경 유기농 소비가치 확산 및 엑스포 홍보를 위한 캠페인과 행사가 진행하고 있습니다.